LA COMTESSE

DE CHARNY

PAR

ALEXANDRE DUMAS

16

PARIS
ALEXANDRE CADOT, ÉDITEUR
37, rue Serpente.

1855

LA COMTESSE DE CHARNY

Ouvrages du marquis de Foudras.

Un Drame en famille	5 vol.
Un Grand Comédien	3 vol.
Le Chevalier d'Estagnol	6 vol.
Diane et Vénus	4 vol.
Jacques de Brancion	5 vol.
Madame de Miremont	2 vol.
Lord Algernon	4 vol.
La comtesse Alvinzi	2 vol.
Un Capitaine du Beauvoisis	4 vol.
Madeleine repentante	4 vol.
Le Capitaine Lacurée	4 vol.
Les Gentilshommes chasseurs	2 vol.
Suzanne d'Estouville (format Charpentier)	2 vol.
Tristan de Beauregard (idem)	1 vol.
Un Caprice de grande dame (idem)	3 vol.

Sous presse :

Un amour de vieillard	3 vol.
Le dernier roué	5 vol.
Les veillées de Saint-Hubert	2 vol.

Ouvrages de Xavier de Montépin.

Confessions (les) d'un Bohème	5 vol.
Vicomte (le) Raphaël	5 vol.
Les Oiseaux de nuit	5 vol.
Les Chevaliers du lansquenet	10 vol.
Pivoine	2 vol.
Mignonne	5 vol.
Les Viveurs d'autrefois	4 vol.
Le Loup Noir	2 vol.
Un Brelan de dames	4 vol.
Les Valets de cœur	3 vol.
Un Gentilhomme de grand chemin	5 vol.
Les Amours d'un fou	4 vol.

LA COMTESSE

DE CHARNY

PAR

ALEXANDRE DUMAS

16

PARIS
ALEXANDRE CADOT, ÉDITEUR
37, rue Serpente.

1855

I

La nuit du 9 au 10 août.
(Suite.)

Nous avons dit ce qui se passait dans la maison des tribuns, disons maintenant à trois cents pas de là, ce qui se passait dans la demeure des rois.

Là aussi des femmes pleuraient et priaient.

Pleuraient plus abondamment peut-être, Chateaubriand l'a dit, les yeux des princes sont faits pour contenir une plus grande quantité de larmes.

Cependant rendons à chacun justice.

Madame Elisabeth et madame de Lamballe pleuraient et priaient.

La reine priait, mais ne pleurait pas.

On avait soupé à l'heure habituelle, rien ne dérangeait le roi de ses repas.

En sortant de table, et tandis que madame Elisabeth et madame de Lamballe se rendaient dans la pièce connue sous le nom de cabinet du conseil, où il était convenu que la famille royale passerait la nuit pour entendre les rapports, la reine prit le roi à part et voulut l'entraîner :

— Où me conduisez-vous, Madame, — demanda le roi.

— Dans ma chambre, — ne voudrez-vous pas mettre le plastron que vous portiez le 14 juillet dernier, Sire.

— Madame, dit le roi, c'était bon pour me préserver de la balle ou du poignard d'un assassin, un jour de cérémonie ou de complot, mais dans un jour de combat, — où mes amis s'exposent pour moi, ce serait une lâcheté que de ne pas m'exposer comme mes amis.

Et sur ce, le roi quitta la reine pour rentrer dans son appartement et s'enfermer avec son confesseur.

La reine alla rejoindre au cabinet du conseil madame Elisabeth et madame de Lamballe.

— Que fait le roi? demanda madame de Lamballe.

— Il se confesse, répondit la reine avec un accent impossible à rendre.

En ce moment la porte s'ouvrit, et M. de Charny parut.

Il était pâle, mais parfaitement calme.

— Peut-on parler au roi, Madame, dit-il à la reine en s'inclinant.

— Pour le moment, Monsieur, répondit la reine, le roi, c'est moi.

Charny le savait mieux que personne, néanmoins il insista.

— Vous pouvez monter chez lui, Monsieur, dit la reine, mais vous le dérangerez fort, je vous jure.

— Je comprends, le roi est avec M. Pétion qui vient d'arriver.

— Le roi est avec son confesseur, Monsieur.

— C'est alors, à vous Madame, que je ferai mon rapport comme major-général du château.

— Oui, Monsieur, dit la reine, si vous le voulez bien.

— Je vais donc exposer à Votre Majesté l'effectif de nos forces : — La gendarmerie à cheval, commandée par MM. Rhullières et de Verdières, au nombre de six cents hommes, est rangée en bataille sur la Grand'Place du Louvre. — La gendarmerie à pied de Paris, — intra-muros, est consignée dans les écuries, — un poste de cent cinquante hommes en a été distrait pour en faire à l'hôtel de Toulouse une garde qui protégera au besoin la caisse de l'extraordinaire, la caisse d'escompte et la trésorerie, la gendarmerie à pied extra-muros, composée de trente hommes seulement, est postée au petit escalier du roi, — cour des Princes. — Deux cents officiers ou soldats de l'ancienne garde à cheval ou à pied, une centaine de jeunes royalistes ; autant de gentilshommes, — trois cent cinquante ou quatre cents combattants à peu près, sont réunis dans l'Œil-de-Bœuf et dans les salles environnantes. — Deux ou trois cents gardes nationaux sont éparpillés dans les cours et dans le jardin ; enfin, quinze cents suisses, qui sont la véritable force du château, viennent de prendre leurs différents postes et sont placés sous le grand vestibule et au pied des escaliers, qu'ils sont chargés de défendre.

— Eh bien, Monsieur, répondit la reine, toutes ces mesures ne vous rassurent-elles pas ?

— Rien ne me rassure, Madame, répondit Charny, lorsqu'il s'agit du salut de Votre Majesté.

— Ainsi, Monsieur, votre avis est toujours pour la fuite?

Mon avis, Madame, est que vous mettiez le roi, vous, les augustes enfants de Votre Majesté, au milieu de nous tous.

La reine fit un mouvement.

— Votre Majesté répugne à Lafayette, soit; mais elle a confiance en M. le duc de Liancourt, il est à Rouen, Madame, il y a loué la maison d'un gentilhomme anglais nommé M. Kanning, le commandant de la province a fait jurer fidélité au roi, le régiment suisse de Salis Samade, sur lequel on peut compter, est échelonné sur la route, tout est tranquille, — sortons par le pont Tournant, gagnons la barrière de l'Étoile, trois cents hommes de cavalerie de la garde constitutionnelle nous y attendent, — on réunira facilement à Versailles quinze cents gentilshommes, — avec quatre mille hommes je réponds de vous conduire où vous voudrez.

— Merci, M. de Charny, dit la reine, — j'apprécie le dévouement qui vous a fait quitter les personnes qui vous étaient chères, pour venir offrir vos services à une étrangère, mais...

—La reine est injuste pour moi, interrompit Charny, — l'existence de ma souveraine sera toujours pour moi la plus précieuse de toute les existences, comme le devoir me sera toujours la plus chère de toutes les vertus.

— Le devoir, — oui, Monsieur, murmura la reine, — mais, moi aussi puisque chacun en est à faire son devoir, — je crois bien comprendre le mien, — le mien est de maintenir la royauté noble et digne et de veiller, si on la frappe, à ce qu'elle soit frappée debout, à ce qu'elle tombe dignement comme faisaient ces gladiateurs antiques qui s'étudiaient à mourir avec grâce.

— C'est le dernier mot de Votre Majesté.

— C'est surtout mon dernier désir.

Charny salua et rencontrant près de la porte Madame Campan qui venait rejoindre les princesses.

— Invitez Leurs Altesses, Madame, dit-il, à mettre dans leurs poches ce quelles ont de plus précieux, — il se peut que d'un moment nous soyons obligés de quitter le château.

Puis tandis que Madame Campan allait transmettre l'invitation à madame la princesse de Lamballe et à madame Élisabet, — Charny se rapprochait de la reine.

— Madame, dit-il, il est impossible que vous n'ayez point quelqu'espérance en dehors de l'appui de notre force matérielle, si vous avez quelqu'espérance, dites le moi, — songez que demain, à pareille heure, j'aurai à rendre compte aux hommes ou à Dieu de ce qui se sera passé ici.

— Eh bien! Monsieur, dit la reine, on a du remettre deux cents mille francs à Pétion et cinquante mille à Danton, moyennant ces cinquante mille francs, Danton a promis de rester chez lui et moyennant ces deux cent mille francs, Pétion s'est engagé de venir au château.

— Mais, Madame, êtes-vous sûre de vos intermédiaires?

— Pétion est arrivé tout à l'heure, m'avez-vous dit?

— Oui, Madame.

— C'est déjà quelque chose, comme vous voyez.

— Ce n'est point assez, — on m'a assuré qu'on l'avait envoyé chercher trois fois, avant qu'il ne vînt.

— S'il est à nous, dit la reine, il doit, en parlant au roi, poser l'index sur la paupière de son œil droit.

— Mais s'il n'est pas à vous, Madame ?

— S'il n'est pas à nous, il est notre prisonnier, et je vais donner les ordres les plus positifs pour qu'on ne le laisse pas sortir du château.

En ce moment on entendit retentir le son d'une cloche.

— Qu'est-ce que cela? demanda la reine.

— Le tocsin répondit Charny.

Les princesses se levèrent avec épouvante.

— Eh bien, dit la reine, qu'avez-vous? — le tocsin, c'est la trompette des factieux.

— Madame, dit Charny qui paraissait plus ému que la reine de ce bruit, — je vais m'informer si ce tocsin annonce quelque chose de grave.

— Et l'on vous reverra? dit vivement la reine.

— Je suis venu me mettre aux ordres

de Sa Majesté et ne la quitterai qu'avec la dernière ombre du danger.

Charny salua et sortit.

La reine resta un instant pensive.

— Allons voir si le roi est confessé, murmura-t-elle.

Et elle sortit à son tour.

Pendant ce temps Madame Élisabeth se dégageait de quelques vêtements, pour se coucher plus à l'aise sur un canapé.

Elle ôta de son fichu une épingle de cornaline et la montra à Madame Campan, c'était une pierre gravée.

La gravure représentait une touffe de lis avec une légende.

— Lisez, — dit Madame Élisabeth.

Madame Campan s'approcha d'un candélabre et lut :

— *Oubli des offenses. — Pardon des injures.*

— Je crains bien dit la princesse que cette maxime ait peu d'influence sur nos ennemis, — mais elle ne doit pas moins nous être chère.

En ce moment un coup de feu retentit dans la cour.

Les femmes poussèrent un cri.

— Voilà le premier coup de feu, dit madame Élisabeth, hélas ! il ne sera pas le dernier.

On avait annoncé à la reine l'arrivée de Pétion aux Tuileries, — voici dans quelle circonstance le maire de Paris y avait fait son entrée.

Il était arrivé vers dix heures et demie du soir.

Cette fois on ne lui avait pas fait faire antichambre, on lui avait dit au contraire que le roi l'attendait.

Seulement, pour arriver jusqu'au roi, il lui fallait traverser les rangs des Suisses d'abord, de la garde nationale ensuite, puis des gentilshommes qu'on appelait les chevaliers du poignard.

Néanmoins, comme on savait que c'était le roi qui avait envoyé chercher Pétion. — Comme il pouvait, à tout prendre, rester à l'Hôtel-de-Ville, son palais à lui, et ne pas venir se rejeter dans cette fosse aux lions que l'on appelait les Tuileries; il en fut quitte pour les noms de traître et de Judas qu'on lui cracha au visage, tandis qu'il montait les escaliers.

Louis XVI attendait Pétion dans cette même chambre où il l'avait si durement mené, le 21 juin.

Pétion reconnut la porte et sourit.

La fortune lui ménageait une terrible revanche.

A la porte, Mandat, le commandant de la garde nationale, arrêta le maire.

— Ah ! c'est vous, monsieur le maire? dit-il.

— Oui, Monsieur, c'est moi, répondit Pétion avec son flegme ordinaire.

— Que venez-vous faire ici ?

— Je pourrais me dispenser de répondre à cette question, monsieur Mandat, — ne vous reconnaissant aucunement le droit de m'interroger ; — mais comme je suis pressé, je ne veux pas discuter avec des inférieurs.

— Avec des inférieurs !

— Vous m'interrompez, et je vous dis que je suis pressé, monsieur Mandat ; — je viens ici parce que le roi m'a fait demander trois fois, — de moi-même, je n'y fusse pas venu.

— Eh bien ! — puisque j'ai l'honneur de vous y voir, monsieur Pétion, — je vous demanderai pourquoi les administrateurs de la police de la ville ont distribué à profusion des cartouches aux Marseillais, et pourquoi, moi, Mandat, je n'en n'ai reçu que trois pour chacun de mes hommes.

Pétion regarda Mandat avec son calme habituel.

— D'abord, dit-il, on ne m'en a pas fait demander davantage des Tuileries, — trois cartouches pour chaque garde national, — quarante pour chaque Suisse. Il a été distribué ce que le roi avait demandé.

— Pourquoi cette différence dans le nombre ?

— C'est au roi et non pas à moi de vous le dire, Monsieur, probablement se défie-t-il de la garde nationale.

— Mais moi, Monsieur, dit Mandat, je vous en ai fait demander de la poudre.

— C'est vrai, mais vous n'étiez pas en règle pour la recevoir.

— Oh! la bonne réponse! — s'écria Mandat, — c'était à vous à m'y mettre en règle, puisque l'ordre doit émaner de vous.

La discussion s'engageait sur un terrain où il eut été difficile à Pétion de se défendre, par bonheur la porte s'ouvrit et Rœderer, le syndic de la commune, venant en aide au maire de Paris, lui dit :

— Monsieur Pétion, le roi vous attend.

Pétion entra.

Le roi, en effet, attendait Pétion avec impatience.

— Ah! vous voilà monsieur Pétion, — dit-il, — où en est la ville de Paris?

Pétion lui rendit compte, ou à peu près de l'état de la ville.

— N'avez-vous rien de plus à me dire, Monsieur? demanda le roi.

— Non, Sire, répondit Pétion.

Le roi regardait fixément Pétion.

— Rien de plus, absolument rien?

Pétion ouvrait de grands yeux, ne

comprenant pas cette insistance du roi.

De son côté le roi attendait que Pétion portât l'index à son œil droit.

C'était, on s'en souvient, le signe par lequel le maire de Paris devait indiquer que, moyennant les 200,000 francs reçus, le roi pouvait compter sur lui.

Pétion se grattait l'oreille, mais ne portait pas le moins du monde la main à son œil.

Le roi avait donc été trompé, — un escroc avait empoché les 200,000 francs.

En ce moment la reine entra.

Elle tombait juste à cet instant où le

roi ne savait plus quelle question faire à Pétion et où Pétion attendait une question nouvelle.

— Eh bien! — demanda tout bas la reine, — est-il notre ami?

— Non, dit le roi, il n'a fait aucun signe.

— Qu'il soit notre prisonnier alors.

— Puis-je me retirer, Sire? demanda Pétion au roi.

— Ne le laissez pas sortir, pour Dieu, dit Marie-Antoinette.

—Non, Monsieur, dit Louis XVI—dans un instant vous serez libre, mais j'ai encore à vous parler, ajouta le roi en haussant la voix, entrez donc dans ce cabinet.

C'était dire à tous ceux qui étaient dans le cabinet :

— Je vous confie M. Pétion, veillez sur lui et ne le laissez pas sortir.

Ceux qui étaient dans le cabinet comprirent parfaitement.

Ils enveloppèrent Pétion qui se sentit prisonnier.

Heureusement Mandat n'était point là.

Mandat se débattait contre un ordre qui venait de lui arriver de se rendre à l'Hôtel-de-Ville.

Les feux se croisaient, — on demandait Mandat à l'Hôtel-de-Ville, — comme on avait demandé Pétion aux Tuileries.

Mandat répugnait fort à y aller et ne s'y décida point du premier coup.

Quant à Pétion, il était, lui trentième, dans un petit cabinet où l'on eût été gêné à quatre.

— Messieurs, dit-il au bout d'un instant, il est impossible de rester plus longtemps ici, on y étouffe.

C'était l'avis de tout le monde, aussi personne ne s'opposa-t-il à la sortie de Pétion, seulement tout le monde le suivit.

Puis aussi peut-être n'osa-t-on point le retenir ouvertement.

Il prit le premier escalier venu. — Cet escalier le conduisit à une chambre du rez-de-chaussée, donnant sur le jardin.

Il craignit un instant que la porte du jardin ne fut fermée.

Elle était ouverte.

Pétion se trouva dans une prison plus grande et plus aérée, voilà tout, — mais aussi bien fermée que la première.

Néanmoins il y avait amélioration.

Un homme l'avait suivit qui, une fois dans le jardin, lui donna son bras, —

c'était Rœderer, le procureur syndic du département.

Tous deux commencèrent à se promener sur la terrasse qui longeait le palais.

Cette terrasse était éclairée par une ligne de lampions, des gardes nationaux vinrent et éteignirent ceux qui étaient dans le voisinage du maire et du syndic.

Quelle était leur intention? Pétion ne la crut pas bonne.

— Monsieur, dit-il à un officier Suisse qui le suivait et qui se nommait M. de Salis-Lizers, y aurait-il de mauvaises intentions contre moi?

— Soyez tranquille, monsieur Pétion, répondit celui-ci avec un accent allemand fortement prononcé, — le roi m'a chargé de veiller sur vous, et je réponds que celui qui vous tuerait mourrait un instant après de ma main.

Dans une circonstance pareille, Triboulet avait répondu à François Ier :

— Vous serait-il égal un instant auparavant, Sire ?

Pétion ne répondit rien et gagna la terrasse des Feuillants, parfaitement éclairée par la lune.

Elle n'était pas, comme aujourd'hui, fermée par une grille, mais par un mur de huit pieds de haut, percé de trois portes.

Deux petites et une grande.

Ces portes étaient non-seulement fermées, mais barricadées.

Elles étaient en outre gardées par les grenadiers de la Butte-des-Moulins et des Filles-Saint-Thomas connus pour leur royalisme.

Il n'y avait donc rien à espérer d'eux. — Pétion se baissait de temps en temps, ramassait une pierre et la jetait de l'autre côté du mur.

Pendant que Pétion se promenait et

jetait ses pierres, on vint lui dire deux fois que le roi désirait lui parler.

— Eh bien! demanda Rœderer, — vous n'y allez pas?

— Non, répondit Pétion, il fait trop chaud là-haut. — Je me souviens du cabinet, et n'ai point la moindre envie d'y rentrer; d'ailleurs, j'ai donné rendez-vous sur la terrasse des Feuillants.

Et il continua de se baisser, de ramasser des pierres, et de les jeter de l'autre côté du mur.

— A qui? demanda Rœderer.

En ce moment, la porte de l'Assemblée qui donnait sur la terrasse des Feuillants s'ouvrit.

— Je crois, dit Pétion, que voilà ce que j'attends.

— Ordre de laisser passer M. Pétion, dit une une voix ; l'Assemblée le mande à sa barre pour y rendre compte de l'état de Paris.

— Justement, dit Pétion, tout bas.

Puis tout haut :

— Me voilà, dit-il, et prêt à répondre aux interpellations de mes ennemis.

Les gardes nationaux s'imaginant qu'il

s'agissait pour Pétion d'un mauvais parti, le laissèrent passer.

Il était près de trois heures du matin, — le jour commençait à paraître.

Seulement, chose singulière, le ciel était couleur de sang.

II

La nuit du 9 au 10 août.

(*Suite et fin.*)

Pétion, mandé par le roi, avait prévu qu'il ne sortirait point aussi facilement du palais qu'il y serait entré.

Il s'était approché d'un homme au visage rude, encore durci par une cicatrice qui lui ouvrait le front.

— Monsieur Billot, lui dit-il, — que me rapportiez-vous tout à l'heure de l'Assemblée ?

— Qu'elle passerait la nuit en permanence.

— Très-bien. Que dites-vous avoir vu au Pont-Neuf ?

— Des canons et des gardes nationaux placés là par ordre de M. Mandat.

— Et ne dites-vous pas aussi que, sous l'arcade Saint-Jean, au débouché de la rue Saint-Antoine, une force considérable est assemblée ?

— Oui, Monsieur, — par ordre de M. Mandat, toujours.

— Eh bien! écoutez ceci, monsieur Billot.

— J'écoute.

— Voici un ordre à MM. Manuel et Danton de faire rentrer chez eux les gardes nationaux de l'Arcade-Saint-Jean et de désarmer le Pont-Neuf. — Il faut, coûte que coûte, que cet ordre soit exécuté. — Vous entendez?

— Je le remettrai moi-même à M. Danton.

— C'est bien; — maintenant, vous demeurez rue Saint-Honoré?

— Oui, Monsieur.

— L'ordre donné à M. Danton, rentrez chez vous et prenez un instant de repos ; puis, vers deux heures, levez-vous et promenez-vous de l'autre côté du mur de la terrasse des Feuillants. Si vous voyez ou si vous entendez tomber des pierres lancées du jardin des Tuileries, c'est que je serai prisonnier et qu'on me fera violence.

— Je comprends.

— Présentez-vous alors à la barre de l'Assemblée, et dites-lui de me réclamer.
— Vous comprenez, Monsieur Billot,—

c'est ma vie que je remets entre vos mains.

— Et j'en réponds, Monsieur, dit Billot, partez tranquille.

Pétion, en effet, était parti, se reposant de tout sur le patriotisme bien connu de Billot.

Billot avait répondu de tout, d'autant plus hardiment que Pitou venait d'arriver.

Il expédia Pitou à Danton en lui recommandant de ne pas revenir sans lui.

Malgré la paresse de Danton, — Pitou en eut le cœur net et le ramena.

Il avait vu les canons du Pont-Neuf; il vit les gardes nationales de l'Arcade-Saint-Jean, il comprit l'urgence qu'il y avait à ne pas laisser de pareilles forces sur les derrières de l'armée populaire.

L'ordre de Pétion à la main, ils firent rentrer chez eux les gardes nationaux de l'Arcade-Saint-Jean. — Ils renvoyèrent les canonniers du Pont-Neuf.

Dès-lors la grande voie de l'insurrection se trouva déblayée.

Pendant ce temps, Billot et Pitou revenaient rue Saint-Honoré.

C'était toujours l'ancien logement de Billot.

Pitou lui dit bonjour de la tête comme à un ami.

Billot s'assit et fit signe à Pitou d'en faire autant.

— Merci, monsieur Billot, dit Pitou, je ne suis pas fatigué.

Mais Billot insista, et Pitou s'assit.

— Pitou, dit Billot,—je t'ai fait dire de venir me joindre.

— Et vous le voyez, monsieur Billot, dit Pitou avec ce franc sourire qui montre ses trente-deux dents, et qui était particulier à Pitou, — je ne vous ai pas fait attendre.

— Non. — Tu devines, n'est-ce pas, qu'il va se passer quelque chose de grave.

— Je m'en doute, dit Pitou. — Mais dites-moi donc, monsieur Billot?

— Quoi, Pitou?

— Je ne vois plus ni M. Bailly, ni M. Lafayette.

— Bailly est un traître qui nous a fait assassiner au Champ-de-Mars.

— Oui, je sais, puisque c'est moi qui vous ai presque ramassé baignant dans votre sang.

— Lafayette est un traître qui a voulu enlever le roi.

— Oh! je ne savais pas. — M. Lafayette un traître ! qui se serait douté de cela ? Et le roi ?

— Le roi est le plus traître de tous, Pitou.

— Quant à cela, dit Pitou, cela ne m'étonne pas.

— Le roi conspire avec l'étranger et veut livrer la France à l'ennemi. Les Tuileries sont un foyer de conspiration, et l'on a décidé de prendre les Tuileries. — Tu comprends, Pitou ?

— Parbleu ! si je comprends. — Dites donc, monsieur Billot, comme nous avons pris la Bastille, n'est-ce pas ?

— Oui.

— Seulement, ce ne sera pas si difficile.

— C'est ce qui te trompe, Pitou.

— Comment, ce sera plus difficile ?

— Oui.

— Il me semble pourtant que les murs sont moins haut.

— Oui, mais ils sont mieux gardés ; la Bastille n'avait pour toute garnison qu'une centaine d'invalides, tandis qu'il y a trois ou quatre mille hommes au château.

— Ah! diable, trois ou quatre mille hommes.

— Sans compter que la Bastille fut surprise, tandis que, depuis le 1er, les Tuileries se doutent qu'elles doivent être attaquées et se sont mises sur la défensive.

— Si bien qu'elles se défendront? dit Pitou.

— Oui, répondit Billot, — d'autant plus qu'on dit que c'est à M. de Charny que la défense en est confiée.

— En effet, dit Pitou, il est parti hier en poste de Boursonne avec sa femme.
— Mais c'est donc aussi un traître, M. de Charny?

— Non, c'est un aristocrate, voilà tout.

— Il a toujours été pour la cour, lui, et par conséquent n'a pas trahi le peuple, puisqu'il n'a pas invité le peuple à se fier à lui.

— Ainsi, nous allons nous battre contre M. de Charny?

— C'est probable, Pitou.

— Est-ce singulier, des voisins!...

— Oui, c'est ce qu'on appelle la guerre civile, — mais tu n'es pas obligé de te battre si cela ne te convient pas.

— Excusez-moi, monsieur Billot, dit Pitou, — du moment où ça vous convient, ça me convient aussi.

J'aimerais même mieux que tu ne te battisses point, Pitou.

— Pourquoi donc m'avez-vous fait venir alors, monsieur Billot?

Le visage de Billot s'assombrit.

— Je t'ai fait venir, Pitou, lui dit le fermier, pour te remettre ce papier.

— Ce papier, monsieur Billot?

— Oui.

— Qu'est-ce que ce papier?

— C'est l'expédition de mon testament.

— Comment, l'expédition de votre

testament! — Eh! monsieur Billot, continua en riant Pitou, vous n'avez pas l'air d'un homme qui veut mourir.

— Non, dit Billot, — montrant son fusil et sa giberne accrochés à la muraille, — mais j'ai l'air d'un homme qui peut être tué.

— Ah! dame! fit sentencieusement Pitou, le fait est que nous sommes tous mortels.

— Eh bien! Pitou, dit Billot, je t'ai fait venir pour te remettre une expédition de mon testament.

— A moi, monsieur Billot?

— A toi, Pitou, — attendu que, comme

je te fais mon légataire universel.....

— Moi, votre légataire universel! fit Pitou, — bien, merci, monsieur Billot. — Mais c'est pour rire ce que vous dites là.

— Je te dis ce qui est, mon ami.

— Ça ne se peut pas, monsieur Billot.

— Comment, ça ne se peut pas?

— Ah! non. — Quand un homme a des héritiers, il ne peut pas donner son bien à des étrangers.

— Tu te trompes, Pitou, — *il peut.*

— Alors, *il ne doit pas*, monsieur Billot.

Un nuage sombre passa sur le front de Billot.

— Tu te trompes, Pitou, dit-il, — je n'ai pas d'héritier.

— Bon, dit Pitou, vous n'avez pas d'héritier ? — Et comment donc appelez-vous mademoiselle Catherine ?

— Je ne connais personne de ce nom-là, Pitou.

— Allons donc ! monsieur Billot, ne dites pas de ces choses-là, tenez, cela me révolte.

— Pitou, dit Billot, du moment qu'une chose m'appartient, je puis la donner à qui je veux; — de même que, si je meurs, à ton tour, comme la chose t'appartiendra, Pitou, tu pourras la donner à qui tu voudras.

— Ah! ah! bon. — Oui, dit Pitou, qui commençait à comprendre; alors s'il vous arrivait un malheur... — Mais, que je suis bête, il ne vous arrivera pas malheur.

— Tu le disais tout à l'heure, Pitou, nous sommes tous mortels.

— Oui; — eh bien! au fait, vous avez raison, — je prends le testament, monsieur Billot; — mais bien sûr, enfin, en supposant que j'ai le malheur de devenir votre héritier, j'aurai le droit de faire ce que je voudrai de vos biens?

— Sans doute, puisqu'ils seront à toi, et à toi, un bon patriote, tu comprends, Pitou, on ne te cherchera point chicane, comme on pourrait le faire à des gens qui auraient pactisé avec les aristocrates.

Pitou comprenait de mieux en mieux.

— Eh bien! ça y est, dit-il; — monsieur Billot, j'accepte.

— Alors, comme voilà tout ce que j'avais à te dire, mets ce papier dans ta poche et repose-toi.

— Pourquoi faire, monsieur Billot?

— Parce que, selon toute probabilité, nous aurons de la besogne demain, — ou plutôt aujourd'hui, — car il est deux heures du matin.

— Vous sortez, monsieur Billot ?

— Oui, j'ai affaire le long de la terrasse des Feuillants.

— Et vous n'avez pas besoin de moi ?

— Au contraire, tu me gênerais.

— En ce cas, monsieur Billot, je vais manger un petit morceau.

— C'est vrai ! s'écria Billot, et moi qui avais oublié de te demander si tu avais faim !

— Oh ! oh ! dit en riant Pitou, — c'est parce que vous savez que j'ai toujours faim.

— Tu sais où est le garde-manger ?

— Oui, monsieur Billot, ne vous inquiétez pas de moi ; — seulement, vous revenez ici, n'est-ce pas ?

— J'y reviens.

— Sans quoi il faudrait me dire où je pourrais vous rejoindre.

— Inutile, dans une heure je serai de retour.

— Eh bien ! allez, alors.

Et Pitou se mit à la recherche de sa

nourriture avec cet appétit qui, chez lui, comme chez le roi, n'était jamais altéré par les événements, si graves qu'ils fussent, — tandis que Billot s'acheminait vers la terrasse des Feuillants.

Nous savons ce qu'il allait y faire.

A peine y fût-il, qu'une pierre tombant à ses pieds, suivie d'une seconde, puis d'une troisième, lui apprit que ce que Pétion avait craint était arrivé, et que le maire était prisonner aux Tuileries.

Il s'était aussitôt, — suivant les instructions reçues, — présenté à l'Assemblée, qui, ainsi que nous l'avons vu, avait réclamé Pétion.

Pétion, libre, n'avait fait que traverser l'Assemblée et était retourné à pied à l'Hôtel-de-Ville, laissant, pour le représenter, sa voiture dans la cour des Tuileries.

De son côté, — Billot rentra chez lui, — et trouva Pitou achevant son souper.

— Eh bien! monsieur Billot, — demanda Pitou, — qu'y a-t-il de nouveau?

— Rien, dit Billot, si ce n'est que voilà le jour qui vient et que le ciel est rouge comme du sang!

III

De trois à six heures du matin.

On a vu comment le jour s'était levé.

Les premiers rayons éclairaient deux cavaliers qui suivaient au pas de leurs montures, le quai désert des Tuileries.

Ces deux cavaliers, c'étaient le commandant général de la garde nationale, Mandat et son aide-de-camp.

Mandat, appelé vers une heure du matin à l'Hôtel-de-Ville, avait d'abord refusé de s'y rendre.

A deux heures, l'ordre s'était renouvelé plus impératif, — Mandat avait résisté encore, — mais alors le syndic Rœderer s'était approché de lui, et lui avait dit :

— Monsieur, faites attention, qu'aux termes de la loi, le commandant de la garde nationale est aux ordres de la municipalité.

Mandat alors s'était décidé.

D'ailleurs, le commandant général ignorait deux choses :

D'abord l'adjonction faite à la municipalité par quarante-sept sections sur quarante-huit, de trois commissaires par section, commissaires ayant pour mission de se réunir à la commune et de *sauver la patrie.* — Mandat croyait donc trouver l'ancienne municipalité telle qu'elle était, et non pas dans cette municipalité cent quarante-un visages nouveaux.

Ensuite Mandat ignorait l'ordre donné par cette même municipalité, — de désarmer le Pont-Neuf et de faire évacuer l'arcade Saint-Jean, ordre à l'exécution duquel, vu son importance, avait présidé Manuel et Danton en personne.

Arrivé au Pont-Neuf, Mandat fut donc étonné de le voir parfaitement désert, — il s'arrêta, et envoya l'aide-de-camp en reconnaissance.

Au bout de dix minutes, l'aide-de-camp revint, il n'avait vu ni canons, ni garde nationale, la place Dauphine, la rue Dauphine, le quai des Augustins, étaient complètement déserts.

Mandat continua son chemin, — peut-être eut-il dû revenir au château, mais les hommes vont où leur destin les pousse.

Au fur à mesure qu'il avançait vers l'Hôtel-de-Ville, il semblait avancer vers la vie, de même que dans certains cataclysmes organiques, le sang en se retirant vers le cœur, abandonne les extrémités qui demeurent pâles et glacées, de même le mouvement, la chaleur, la révolution enfin, étaient sur le quai Pelletier, sur la place de Grève, dans l'Hôtel-de-Ville, siége réel de la vie populaire, — cœur de ce grand corps qu'on appelait Paris.

Mandat s'arrêta au coin du quai Pelletier, et envoya son aide-de-camp à l'arcade Saint-Jean.

L'arcade Saint-Jean laissait aller et venir le flot populaire, la garde nationale avait disparu.

Mandat voulut retourner en arrière, le flot s'était amassé derrière lui, — et le poussait comme une épave aux marches de l'Hôtel-de-Ville.

— Restez-là, dit-il à l'aide-de-camp, et s'il m'arrive malheur, allez dire au château ce qui me sera arrivé.

Mandat se laissa aller au flot qui l'entraînait, l'aide-de-camp dont l'uniforme indiquait l'importance secondaire, l'aide-de-camp demeura au coin du quai Lepelletier, où personne ne l'inquiéta, tous les regards étaient fixés sur le commandant général.

En arrivant dans la grande salle de

l'Hôtel-de-Ville, Mandat se trouve en face de visages inconnus et sévères.

C'est l'insurrection toute entière qui vient demander compte de sa conduite à l'homme qui l'a voulu, non-seulement combattre dans son développement, mais étouffer à sa naissance.

Aux Tuileries, il interrogeait, vous vous rappelez sa scène avec Pétion ?

Ici il va être interrogé.

Un des membres de la nouvelle commune, de cette commune terrible qui étouffera l'Assemblée législative et luttera avec la Convention.

Un des membres de la nouvelle commune s'avance et au nom de tous :

— Par quel ordre as-tu doublé la garde au château? demanda-t-il.

— Par ordre du maire de Paris, répond Mandat.

— Où est cet ordre?

— Aux Tuileries, où je l'ai laissé afin qu'il fut exécuté en mon absence.

— Pourquoi as-tu fait marcher les canons?

— Parce que j'ai fait marcher le bataillon, et que quand le bataillon marche, les canons marchent avec lui.

— Où est Pétion ?

— Il était au château quand j'ai quitté les Tuileries.

— Prisonnier.

— Non, libre et se promenant dans le jardin.

En ce moment l'interrogatoire est interrompu.

Un membre de la nouvelle commune apporte une lettre décachetée, — et demande à en faire tout haut la lecture.

Mandat n'a besoin que de jeter un coup d'œil sur cette lettre pour comprendre qu'il est perdu.

Il a reconnu son écriture.

Cette lettre, — c'est l'ordre envoyé à une heure du matin au commandant du bataillon de service à l'arcade Saint-Jean d'attaquer par derrière, l'attroupement qui se portait au château, tandis que le bataillon du Pont-Neuf, l'attaquerait en flanc.

L'ordre est tombé entre les mains de la commune, après la retraite du bataillon.

L'interrogatoire est fini; quel aveu pourrait-on faire faire à l'accusé, — plus terrible que cette lettre?

Le conseil décida que Mandat serait conduit à l'Abbaye.

Puis le jugement fut lu à Mandat.

Ici commence l'interprétation.

En lisant le jugement à Mandat, — le président, assure-t-on, fit de la main un de ces gestes que le peuple sait malheureusement trop bien interpréter.

— Un geste HORIZONTAL.

« Le président, dit M. Pelletier, auteur de la révolution du 10 août 1792, — fit un geste *horizontal* très-expressif, en disant : »

— Qu'on l'entraîne.

Le geste eut en effet été très-expressif, un an plus tard. — Un geste horizontal, qui eut signifié beaucoup en 1793, ne signifiait pas grand chose en 1792, — époque où la guillotine ne fonctionnait pas encore.

C'est le 21 août que tomba sur la place du Carrousel la tête des premiers royalistes.

Comment onze jours auparavant, un geste *horizontal*, à moins que ce ne fut un signe convenu d'avance, pouvait-il dire :

— Tuez, Monsieur.

Malheureusement le fait semble justifier l'accusation.

A peine Mandat a-t-il descendu trois

marchés du perron de l'Hôtel-de-Ville, qu'au moment où son fils s'élance à sa rencontre, un coup de pistolet casse la tête du prisonnier.

La même chose était arrivée trois ans auparavant à Flesselles.

Mandat n'était que blessé. — Il se releva et à l'instant même, retomba frappé de vingt coups de piques.

L'enfant tendait les bras et criait: — mon père! mon père!

On ne fit point attention aux cris de l'enfant.

Puis, bientôt, de ce cercle, où l'on ne

voyait que bras plongeant au milieu des éclairs, des sabres et des piques, s'éleva une tête sanglante et détachée du tronc.

C'était la tête de Mandat.

L'enfant s'évanouit, — l'aide-de-camp partit au galop, pour annoncer aux Tuileries ce qu'il avait vu. — Les assassins se partagèrent en deux bandes.

Les uns allèrent jeter le corps à la rivière, les autres promener au bout d'une pique la tête de Mandat dans les rues de Paris.

Il était à peu près quatre heures du matin.

Précédons aux Tuileries l'aide-de-camp qui va porter la nouvelle fatale.

Voyons ce que l'on fait aux Tuileries.

Le roi confessé, et du moment où sa conscience était tranquille, tranquille à peu près sur tout le reste, le roi qui ne sachant résister à aucun des besoins de la nature, le roi s'était couché.

Il est vrai qu'il s'était couché tout habillé.

Sur un redoublement de tocsin et sur le bruit de la générale qui commençait à battre, — on réveilla le roi.

Celui qui réveillait le roi, M. de La Chesnaye, à qui Mandat avait en s'éloignant laissé ses pouvoirs, réveillait le roi pour qu'il se montrât aux gardes nationaux, et par sa présence, par quelques mots dits à propos, — excitât leur enthousiasme.

Le roi se leva alourdi, — chancelant, mal réveillé, il était coiffé en poudre, et tout un côté de sa coiffure, celui sur lequel il s'était appuyé, était aplati.

On chercha un coiffeur, le coiffeur n'était pas là.

Le roi sortit de sa chambre sans être coiffé.

La reine prévenue, dans la chambre du conseil où elle était, que le roi allait se montrer à ses défenseurs, — accourut à la rencontre du roi.

Tout au contraire du roi, — avec son regard morne qui ne regardait personne, avec les muscles de sa bouche distendus et palpitants de mouvements involontaires, avec son habit violet qui lui donnait l'air de porter le deuil de la royauté, la reine était pâle, mais brûlée de fièvre, avec des yeux rouges jusqu'à la moitié des joues, mais secs.

Elle s'attacha à cet espèce de fantôme de la monarchie qui, au lieu d'apparaître à minuit, se montrait en plein jour avec l'œil gros et clignotant.

Elle espérait lui donner ce qu'il y avait

de trop de courage, de force et de vie en elle.

Tout alla bien du reste, tant que l'exhibition royale demeura dans l'intérieur de l'appartement, quoique les gardes nationaux mêlés aux gentilshommes, voyant le roi de près, — ce pauvre homme, mou et lourd, qui avait si mal réussi déjà dans une situation pareille sur le balcon de M. Sausse à Varennes, — se demandassent si c'était bien là le héros du 20 juin, — Ce roi, dont les prêtres et les femmes commençaient à broder sur un crêpe funéraire, la poétique légende.

Et il faut le dire, non ce n'était point

là le roi que la garde nationale s'attendait à voir.

Juste à ce moment, le vieux duc de Mailly avec une de ces bonnes intentions destinées à faire un pavé de plus à l'enfer, — juste en ce moment le vieux duc de Mailly tira son épée et s'en vint se jeter aux genoux du roi, en jurant d'une voix tremblante de mourir lui et *la noblesse de France*, qu'il représentait, pour *le petit fils de Henri IV*.

C'était là deux maladresses au lieu d'une, la garde nationale n'avait point de grandes sympathies pour cette *noblesse de France* que *représentait* M. de Mailly.

Puis, ce n'était point *le petit fils de*

Henri IV quelle venait défendre, c'était *le roi constitutionnel*.

Aussi en réponse à quelques cris de vive le roi, — les cris de vive la nation éclatèrent-ils tout-à-coup.

Il fallait prendre une revanche, on poussa le roi à descendre dans la cour Royale ; hélas ! ce pauvre roi dérangé de ses repos, ayant dormi une heure au lieu de sept, nature toute matérielle, n'avait plus de volonté à lui, — c'était un automate recevant son impulsion d'une volonté étrangère.

Qui lui donnait cette impulsion ?

La reine, nature nerveuse, qui n'avait ni mangé ni dormi.

Il y a des êtres malheureusement organisé, qui, une fois que les circonstances les dépassent, réussissent mal à tout ce qu'ils entreprennent : au lieu d'attirer à lui les dissidents, — le pauvre roi, en s'approchant d'eux, sembla venir exprès pour leur montrer combien peu de prestige la royauté qui tombe laisse au front de l'homme, quand cet homme n'a pour lui, ni le génie ni la force.

Là, comme dans les appartements, les royalistes quand même, poussèrent quelques cris de vive le roi, — mais un immense cri de vive la nation, leur répondit.

Puis comme les royalistes insistaient.

— Non! non! non! crièrent les patriotes, — pas d'autre roi que la nation.

Le roi presque suppliant leur répondait.

— Oui mes enfants, la nation et votre roi ne font et ne feront jamais qu'un.

— Apportez le Dauphin, — dit tout bas Marie-Antoinette à Madame Élisabeth, peut-être la vue d'un enfant les touchera-t-elle.

On alla chercher le Dauphin.

Pendant ce temps le roi continuait

cette triste revue, il eut alors la mauvaise idée de s'approcher des artilleurs.

C'était une faute, les artilleurs étaient presque tous républicains.

Si le roi eut su parler, — il eut pu ramener à lui les hommes que leurs convictions éloignaient, — c'était une chose courageuse et qui pouvait réussir que cette pointe vers les canons.

Mais il n'y avait rien d'entraînant, ni dans la parole, ni dans le geste de Louis XVI, — il balbutia, — les royalistes voulurent couvrir l'embarras de sa voix en essayant une troisième fois ce cri malencontreux de vive le roi, qui avait deux fois échoué.

Ce cri faillit amener une collision.

Des canonniers quittèrent leur poste, et s'élançant vers le roi qu'ils menacèrent du poing :

— Mais tu crois donc, dirent-ils, que pour défendre un traître comme toi, nous allons tirer sur nos frères ?

La reine tira le roi en arrière.

— Le Dauphin ! — le Dauphin ! crièrent plusieurs voix, — vive le Dauphin !

Personne ne répéta ce cri, le pauvre enfant n'arrivait point à son heure.

Il manqua son entrée comme on dit au théâtre.

Le retour du roi au château fut une véritable retraite, presque une fuite.

Le roi tout essoufflé rentra chez lui et se jeta dans un fauteuil.

La reine, restée dans la chambre voisine, cherchait des yeux, regardant tout autour d'elle, demandant un appui à quelqu'un.

Elle aperçut Charny debout, appuyé au chambranle de la porte de son appartement à elle.

Elle alla à lui.

— Ah ! Monsieur, lui dit-elle, tout est perdu.

— J'en ai peur, Madame, répondit Charny.

— Pourrons-nous encore fuir ?

— Il est trop tard, Madame.

— Que nous reste-t-il donc à faire alors ?

— A mourir, répondit Charny en s'inclinant.

La reine poussa un soupir et rentra dans son appartement.

IV

De six à neuf heures du matin.

A peine Mandat tué, la commune avait nommé Santerre, commandant général à sa place.

A l'instant même Santerre avait fait battre la générale dans toutes les rues et donné l'ordre de redoubler le tocsin dans toutes les églises.

Puis il avait organisé des patrouilles patriotes avec ordre de pousser jusqu'aux Tuileries et d'éclairer surtout l'Assemblée.

Au reste, des patrouilles avaient toute la nuit parcouru les environs de l'Assemblée nationale.

A onze heures du soir on avait arrêté aux Champs-Élysées un rassemblement de onze personnes armées, dix, de poignards et de pistolets, le onzième d'une espingole.

Ces onze personnes se laissèrent prendre sans résistance et conduire au corps de garde des Feuillants.

Pendant le reste de la nuit, — onze autres prisonniers furent faits.

On les avait mis dans deux chambres séparées.

Au point du jour les onze premiers trouvèrent moyen de fuir, en sautant de leur fenêtre dans un jardin et en brisant les portes de ce jardin.

Onze restèrent donc plus solidement enfermés.

Vers sept heures on amena dans la cour des Feuillants un jeune homme de vingt-neuf à trente ans, en uniforme et en bonnet de garde national, la fraicheur de son uniforme, l'éclat de ses armes, l'élégance de ses formes, l'avaient fait soupçonner d'aristocratie et avaient amené son arrestation.

Du reste, — il était fort calme.

Un nommé Bonjour, ancien commis à la marine, présidait ce jour-là la section des Feuillants.

Il interrogea le jeune garde national.

— Où vous a-t-on arrêté? lui demanda-t-il.

— Sur la terrasse des Feuillants, — répondit celui-ci.

— Que faisiez-vous là?

— Je me rendais au château.

— Dans quel but?

— En vertu d'un ordre de la municipalité.

— Que commandait cet ordre?

— De vérifier l'état des choses et d'en faire mon rapport au procureur-général syndic du département.

— Avez-vous cet ordre?

— Le voici.

Et le jeune homme tira le papier de sa poche.

Le président déplia le papier et lut.

« Le garde national porteur du présent ordre se rendra au château pour vérifier l'état des choses et en faire son rapport à M. le procureur-général syndic du département.

« Boisée, Le Roule, officiers municipaux. »

L'ordre était positif, cependant on craignit que les signatures ne fussent fausses et on envoya un homme au château, chargé de les faire reconnaître par les deux signataires.

Cette dérnière arrestation avait amassé beaucoup de monde dans la cour des Feuillants et au milieu de cette multitude quelques voix, il y a toujours de ces voix-là dans les rassemblements populaires, — quelques voix commencèrent de demander la mort des prisonniers.

Un commissaire de la municipalité qui se trouvait là compris qu'il ne fallait pas laisser ces voix prendre de la consistance.

Il monta sur un tréteau pour haranguer le peuple et l'engager à se retirer.

Au moment où la foule allait peut-être céder à l'influence de cette parole miséricordieuse, — l'homme envoyé au château pour la vérification de la signature des deux municipaux, revint en disant que l'ordre était bien réel et qu'on pouvait mettre en liberté le nommé *Suleau* qui en était porteur.

C'était le même que nous avons vu pendant cette soirée chez madame de Lamballe, où Gilbert fit pour le roi Louis XVI un dessin de la guillotine et où Marie-Antoinette reconnut, dans cet instrument étrange, la machine inconnue que Cagliostro lui avait fait voir dans une caraffe au château de Taverney.

A ce nom de Suleau, une femme perdue dans la foule releva la tête et poussa un cri de rage.

— Suleau! s'écriait-elle, — Suleau le rédacteur en chef des *Actes des Apôtres*,

— Suleau un des assassins de l'indépendance liégeoise, à moi, Suleau ! je demande la mort de Suleau.

Le peuple s'ouvrit pour faire place à cette femme, — petite, chétive, — vêtue d'une amazone aux couleurs de la garde nationale, armée d'un sabre qu'elle tenait en bandouillère, — elle s'avança vers le commissaire de la municipalité, le força de descendre du tréteau et monta à sa place.

A peine de sa tête eut-elle dominé la foule, que la foule ne jeta qu'un cri.

— Théroigne !

En effet, Théroigne était la femme populaire par excellence. Les 5 et 6 octobre, — son arrestation à Bruxelles, — son séjour dans les prisons autrichiennes, — son agression au 20 juin lui avaient fait cette popularité. Popularité si grande que Suleau, dans son journal railleur, lui avait donné pour amant le citoyen Populus.

C'est-à-dire le peuple tout entier.

Il y avait là une double allusion à la popularité de Théroigne et à la facilité de ses mœurs que l'on accusait d'être trop grande.

En outre, Suleau avait publié, à Bruxelles, le *Tocsin des Rois*, qui avait aidé à écraser la révolution liégeoise et à remettre sous le bâton autrichien et la mître d'un prêtre, un noble peuple qui voulait être libre et Français.

Théroigne était justement en train d'écrire à cette époque-là le récit de son arrestation et en avait déjà lu quelques chapitres aux Jacobins.

Elle demanda non-seulement la mort de Suleau, mais des onze prisonniers qui étaient avec lui.

Suleau entendait retentir cette voix qui demandait au milieu des applaudissements — sa mort et celle de ses compagnons, il appela à travers la porte le chef du poste qui le gardait.

Ce poste était de deux cents hommes de garde nationale.

— Laissez-moi sortir, dit-il, je me nommerai, on me tuera et tout sera dit, ma mort sauvera dix existences.

On refusa de lui ouvrir la porte.

Il essaya de sauter par la fenêtre, ses compagnons le tirèrent en arrière et le retinrent.

Ils ne pouvaient penser qu'on les livrerait froidement aux égorgeurs.

Ils se trompaient.

Le président Bonjour, intimidé par les cris du peuple, fit droit à la réclamation de Théroigne en défendant à la garde nationale de résister à la volonté du peuple.

La garde nationale obéit, s'écarta et en s'écartant livra la porte.

Le peuple se précipita dans la prison, et au hasard s'empara du premier venu.

Ce premier venu était un nommé l'abbé Bouyon, auteur dramatique, également connu par les épigrammes du *Cousin Jacques* et par les chutes que les trois-quarts de ses pièces avaient éprouvées au théâtre de la Montansier.

C'était un homme colossal, — arraché d'entre les bras du commissaire de la municipalité, qui essayait de le sauver, il fut entraîné dans la cour et commença, contre ses égorgeurs, une lutte désespérée, — quoiqu'il n'eut d'autres armes que ses mains, deux ou trois de ses misérables furent mis hors de combat.

Un coup de bayonnette le cloua à la muraille; il expira sans que ses derniers coups puissent atteindre ses ennemis.

Pendant cette lutte, deux des prisonniers parvinrent à s'échapper.

Celui qui succéda à l'abbé Bouyon fut

un ci-devant garde du roi, nommé Solminiac, — sa défense fut non moins vigoureuse que celle de son prédécesseur, — sa mort n'en fut que plus cruelle.

Puis un troisième fut massacré, dont on ne sait pas le nom.

Le quatrième fut Suleau.

— Tiens, dit une femme à Théroigne, le voilà ton Suleau.

Théroigne ne le connaissait pas de visage, elle le croyait prêtre et l'appelait l'abbé Suleau ; comme un chat tigre, elle s'élança et le prit à la gorge.

Suleau était jeune, brave et vigoureux, il jeta d'un coup de poing Théroigne à dix pas de lui, — se débarrassa par une violente secousse des trois ou quatre hommes, arracha un sabre des mains des assassins et des deux premiers coups jeta deux égorgeurs à terre.

Alors commença une lutte terrible : toujours gagnant du terrain, toujours s'avançant vers la porte, Suleau se dégagea trois fois.

Il l'atteignit enfin, — mais obligé de se retourner pour l'ouvrir, il s'offrit un instant sans défense à ses assassins. — Cet instant suffit à vingt sabres pour lui traverser le corps.

Il tomba aux pieds de Théroigne qui eut cette terrible joie, de lui faire sa dernière blessure.

Le pauvre Suleau venait de se marier il y avait deux mois, à une femme charmante, fille d'un peintre célèbre à *Adèle Hall*.

Pendant cette lutte de Suleau contre les égorgeurs, un troisième prisonnier était parvenu à s'échapper.

Le cinquième qui apparut traîné hors du corps de garde par les assassins, fit jeter un cri d'admiration à la foule, — c'était un ancien garde du corps du roi, nommé Du Vigier, que l'on n'appelait que le beau Vigier ; comme il était aussi brave que beau, aussi adroit que brave, il lutta plus d'un quart-d'heure, tomba trois fois, se releva trois fois et dans toute la largeur de la cour, tacha chaque pavé de son sang, mais aussi de celui de ses assassins.

Enfin, comme Suleau, écrasé sous le nombre, il succomba.

La mort des quatre autres fut un simple égorgement, on ignore leurs noms.

Les neuf cadavres furent traînés sur la place Vendôme où on les décapita, puis leurs têtes mises sur des piques furent promenées dans tout Paris.

Le soir, un domestique de Suleau racheta à prix d'or la tête de son maître et parvint à force de recherches à retrouver le cadavre. — C'était la pieuse épouse de Suleau, enceinte de deux mois, qui demandait à grands cris ces précieux restes, pour leur rendre les derniers devoirs.

Ainsi avant même que la lutte fut commencée, le sang avait déjà coulé à deux endroits.

Sur les marches de l'Hôtel-de-Ville.

Dans la cour des Feuillants.

Nous allons le voir couler aux Tuileries tout à l'heure.

Après la goutte, le ruisseau, après le ruisseau, le fleuve.

Juste au moment où ces meurtres s'accomplissaient, c'est-à-dire entre huit et neuf heures du matin, — dix à onze mille gardes nationaux, réunis par le tocsin de Barbaroux et par la générale de Santerre, descendaient par la rue Saint-Antoine, franchissaient cette fameuse arcade Saint-Jean, si bien gardée la nuit précédente, et débouchaient sur la place.

Ces dix mille hommes venaient demander l'ordre de marcher sur les Tuileries.

On les fit attendre une heure.

Deux versions couraient dans la foule.

La première, qu'on attendait des concessions du Château.

La seconde, que le faubourg Saint-Marceau n'était pas près et qu'on ne devait pas marcher sans lui.

Un millier d'hommes à piques s'impatienta, — comme toujours, les plus mal armés se trouvaient être les plus ardents.

Ils percèrent les rangs de la garde nationale, disant qu'ils se passeraient d'elle et prendraient seuls le Château.

Quelques fédérés marseillais et dix ou

douze gardes françaises, de ces mêmes gardes françaises qui, trois ans auparavant, avaient pris la Bastille, se mirent à leur tête et furent par acclamations salués chefs.

Ce fut l'avant-garde de l'insurrection.

Cependant l'aide-de-camp qui avait vu assassiner Mandat était revenu aux Tuileries à franc-étrier, mais ce n'était qu'au moment où après cette promenade néfaste dans la cour, le roi était rentré chez lui et la reine chez elle, qu'il avait pu les joindre et leur annoncer cette sombre nouvelle.

La reine éprouvait ce qu'on éprouve

quand on vous annonce la mort d'un homme qu'on vient de quitter il y a un instant. Elle n'y pouvait croire, — elle se la fit raconter une première fois, puis une seconde fois dans tous ses détails.

Pendant ce temps, le bruit d'une rixe montait jusqu'au premier étage et entrait par les fenêtres ouvertes.

Les gendarmes, les gardes nationaux et les canonniers patriotes, ceux qui avaient crié : Vive la nation ! enfin, — commençaient à provoquer les royalistes, en les appelant messieurs les grenadiers royaux, — disant qu'il n'y avait parmi les grenadiers des filles Saint-Thomas et de la Butte-des-Moulins que des hommes vendus à la cour, et comme on ignorait encore en bas la mort du commandant général, qui était déjà sue au premier étage, un grenadier s'écria tout haut :

— Décidément cette canaille de Mandat n'a envoyé au Château que des aristocrates !

Le fils aîné de Mandat était dans les rangs de la garde nationale.

Nous avons vu où était le plus jeune. — Il essayait, mais inutilement, de défendre son père sur les marches de l'Hôtel-de-Ville.

A cette insulte faite à son père absent, l'aîné s'élança hors des rangs le sabre haut.

Trois ou quatre canonniers se jetèrent à sa rencontre.

Weber, le valet de chambre de la reine, était là, en garde national, parmi les grenadiers de Saint-Roch.

Il s'élança au secours du jeune homme.

On entendit un cliquetis de sabres.

La querelle se dessinait entre les deux partis.

La reine, attirée par le bruit à la fenêtre, reconnut Weber.

Elle appela Thierry, le valet de chambre du roi et lui ordonna d'aller chercher son frère de lait.

Weber monta et raconta tout à la reine.

En retour, la reine lui annonça la mort de Mandat.

Le bruit continuait sous les fenêtres.

— Vois donc ce qui se passe, Weber, dit la reine.

— Ce qui se passe, — répondit Weber ; — ce sont les canonniers qui en abandonnant leurs pièces, y enfoncent de force un boulet, et comme les pièces ne sont pas chargées, voilà désormais des pièces hors de service.

— Que penses-tu de tout cela, mon pauvre Weber ?

— Je pense, dit le bon Autrichien, que Votre Majesté devrait bien consulter M. Rœderer, qui me paraît encore un des plus dévoués qu'il y ait au Château.

— Oui; mais où lui parler sans être écouté, espionné, interrompu?

— Dans mon appartement, si la reine le veut, dit le valet de chambre Thierry.

— Soit, dit la reine.

Puis se retournant vers son frère de lait :

— Va me chercher M. Rœderer, dit-elle, et amène-le chez Thierry.

Et tandis que Weber sortait seul par une porte, la reine sortait par l'autre, suivant Thierry.

Neuf heures sonnaient à l'horloge du Château.

V

De neuf heures à midi

Quand on arrive à un point aussi important de l'histoire que celui où nous en sommes arrivés,— on ne doit omettre aucun détail, attendu que chaque détail se rattache à l'autre, et que c'est l'adjonction exacte de ces détails qui fait la longueur et la largeur de cette toile savante qui se déroule aux yeux de l'avenir, entre les mains du passé.

Au moment où Weber cherchait le syndic de la Commune pour lui annoncer que la reine désirait lui parler, le capitaine suisse Durler montait chez le roi, pour demander à lui, ou au major général, le dernier ordre.

Charny aperçut le bon capitaine, qui cherchait quelque huissier ou quelque valet de chambre, pour l'annoncer chez le roi.

— Que désirez-vous, capitaine? demanda-t-il?

— N'êtes-vous pas le major général ? demanda M. Durler.

— Oui, capitaine.

— Je viens demander les derniers ordres, Monsieur, attendu que la tête de colonne de l'insurrection commence de paraître sur le Carrousel.

— Ne pas vous laisser forcer, Monsieur ; le roi étant décidé à mourir au milieu de vous.

— Vous pouvez y compter, monsieur le major, répondit simplement le capitaine Durler.

Et il alla porter à ses compagnons cet ordre, qui était leur arrêt de mort.

En effet, comme l'avait dit le capitaine Durler, l'avant-garde commençait de paraître.

C'étaient ces mille hommes armés de piques, précédés d'une vingtaine de Marseillais et de trente ou quarante gardes françaises, au milieu desquels brillaient les épaulettes d'or d'un jeune capitaine.

Ce jeune capitaine, c'était Pitou, qui, recommandé par Billot, avait été chargé d'une mission que nous allons lui voir exposer tout à l'heure.

Derrière cette avant-garde, marchait à la distance d'un demi-quart de lieue à peu près, un corps considérable de gardes nationaux et de fédérés, précédés par une batterie de douze pièces de canon.

Les Suisses, lorsque l'ordre du major-général leur fut communiqué, se rangèrent silencieusement et résolument, chacun à son poste, gardant ce froid et sombre silence de la résolution.

Les gardes nationaux, moins sévèrement disciplinés, mirent à la fois dans leurs dispositions plus de bruit et de désordre, mais une égale résolution.

Les gentilshommes, mal organisés, n'ayant que des armes de courte portée, épées ou pistolets, sachant qu'il s'agissait cette fois d'un combat à mort, mirent une espèce d'ivresse fiévreuse à se trouver en contact avec le peuple, — ce vieil adversaire, — cet éternel athlète, ce lutteur toujours vaincu, et cependant grandissant toujours depuis huit siècles.

Pendant que les assiégés, où ceux qui allaient l'être, prenaient ces dispositions, on frappait à la porte de la cour royale, et plusieurs voix criaient : *Parlementaire!* tandis qu'on faisait flotter au-dessus du mur, un mouchoir blanc au-dessus d'une pique.

On alla chercher Rœderer.

A moitié chemin, on le rencontra.

— On frappe à la porte royale, Monsieur, lui dit-on.

— J'ai entendu les coups, et j'y vais.

— Que faut-il faire ?

— Ouvrez.

L'ordre fut transmis au portier qui ouvrit la porte et se sauva à toutes jambes.

Rœderer se trouva en face de l'avant-garde des hommes à piques.

— Mes amis, dit Rœderer, vous avez demandé que l'on ouvrit la porte à un parlementaire et non à une armée. — Où est le parlementaire?

— Me voilà, Monsieur, dit Pitou, avec sa douce voix et son bienveillant sourire.

— Qui êtes-vous ?

— Je suis le capitaine Ange Pitou, — chef des fédérés d'Haramont.

Rœderer ne savait pas ce que c'était que les fédérés d'Haramont, mais comme le temps était précieux, il ne jugea pas à propos de le demander.

— Que désirez-vous ? continua-t-il.

— Je désire passage pour moi et mes amis.

Les amis de Pitou, en haillons, brandissant leurs piques et faisant de gros yeux, paraissaient de fort dangereux ennemis.

— Passage, et pourquoi faire ?

— Pour aller bloquer l'Assemblée, — nous avons douze pièces de canon, — pas une ne tirera, si l'on fait ce que nous voulons.

— Et que voulez-vous ?

— La déchéance du roi.

— Monsieur, dit Rœderer, la chose est grave.

— Très-grave, oui Monsieur, — répondit Pitou avec sa politesse accoutumée.

— Elle mérite donc qu'on en délibère ?

— C'est trop juste, répondit Pitou.

Et regardant l'horloge du château :

— Il est dix heures moins un quart, dit-il, — nous vous donnons jusqu'à dix heures, — si, à dix heures sonnant, nous n'avons pas de réponse, nous attaquons.

— En attendant, vous permettez qu'on referme la porte, n'est-ce pas ?

— Sans doute.

— Puis s'adressant à ses acolytes :

— Mes amis, dit-il, permettez qu'on referme la porte.

Et il fit signe aux plus avancés des hommes à piques de reculer.

Ils obéirent et la porte fut refermée sans difficulté.

Mais par cette porte ouverte un instant, les assiégeants avaient pu voir les préparatifs formidables fait pour les recevoir.

Cette porte fermée, l'envie prit aux hommes de Pitou de continuer à parlementer.

Quelques-uns se hissèrent sur les

épaules de leurs camarades, montèrent sur le mur, s'y établirent à califourchon, et commencèrent à causer avec la garde nationale.

La garde nationale rendit la main et causa.

Le quart-d'heure s'écoula.

Au bout d'un quart-d'heure, un homme vint du château, et donna l'ordre d'ouvrir la porte.

Cette fois le portier était blotti dans sa loge, et ce furent les gardes nationaux qui levèrent les barres.

Les assiégeants crurent que leur demande leur était accordée, voyant la porte ouverte, — ils entrèrent comme des hommes qui ont longtemps attendu et que de puissantes mains poussent par derrière, — c'est-à-dire, en foule, appelant les Suisses à grands cris, mettant les chapeaux au bout des piques et des sabres, et criant : — vive la nation ! — vive la garde nationale ! — vive les Suisses !

Les gardes nationaux répondirent aux cris de vive la nation !

Les Suisses gardèrent un sombre et profond silence.

A la bouche des canons seulement, les

assaillants s'arrêtèrent et regardèrent devant eux et autour d'eux.

Le grand vestibule était plein de Suisses, placés sur trois de hauteur. — Un rang de Suisses se tenait en outre sur chaque marche de l'escalier, ce qui donnait la facilité à six rangs de faire feu à la fois.

Quelques-uns commencèrent à réfléchir, et au nombre de ceux-là, était Pitou.

Seulement il était déjà un peu tard pour réfléchir.

Au reste, c'est ce qui arrive toujours en pareille circonstance, à ce brave peuple, dont le caractère principal est d'être enfant, c'est-à-dire, tantôt bon, tantôt cruel.

En voyant le danger, il n'eut pas même l'idée de le fuir. Seulement, il essaya de le tourner, en plaisantant avec les gardes nationaux et avec les Suisses.

Les gardes nationaux n'étaient pas éloignés de plaisanter eux-mêmes, — mais les Suisses gardaient leur sérieux.

Car cinq minutes avant l'apparition de l'avant-garde patriote, voilà ce qui était arrivé.

Comme nous l'avons raconté, les gardes nationaux patriotes, à la suite de la querelle survenue à propos de Mandat, les gardes nationaux patriotes s'étaient séparés des gardes nationaux royalistes, et en se séparant de leurs compatriotes, ils avaient en même temps fait leurs adieux aux Suisses, dont ils estimaient et plaignaient le courage.

Ils avaient ajouté qu'ils recevraient dans leurs maisons, comme des frères, ceux des Suisses qui voudraient les suivre.

Alors deux Vaudois, répondant à cet appel fait dans leur langue, avaient quitté leur rang et étaient venus se jeter dans les bras des Français, — c'est-à-dire, de leurs véritables compatriotes.

Mais au même instant, deux coups de fusil étaient partis des fenêtres du château, et deux balles étaient venues chercher les déserteurs, au milieu des bras de leurs nouveaux amis.

Les officiers Suisses, excellents tireurs, chasseurs d'izards et de chamois, avaient trouvé ce moyen de couper court à la désertion.

La chose avait en outre, on le comprendra, rendu les autres Suisses sérieux jusqu'au mutisme.

Quant à ceux qui venaient d'être introduits dans la cour armés de vieux pistolets, de vieux fusils et de piques neuves, c'est-à-dire, plus mal armés que s'ils n'avaient pas d'armes. — C'étaient de ces étranges précurseurs de révolution, comme nous en avons vu en tête de toutes les grandes émeutes, et qui viennent en riant ouvrir l'abîme où va s'engloutir un trône, — parfois plus qu'un trône, une monarchie.

Les canonniers étaient venus à eux, — la garde nationale paraissait toute portée à venir à eux. — Ils tachèrent de décider les Suisses à venir à eux.

Ils ne s'apercevaient pas que le temps s'écoulait, que leur chef Pitou avait donné à M. Rœderer jusqu'à dix heures, et qu'il était dix heures un quart.

Ils s'amusaient, pourquoi auraient-ils compté les minutes.

L'un d'eux avait, — non pas une pique, — non pas un fusil, — non pas un sabre, — mais une perche à abaisser les branches d'arbres, — c'est-à-dire, une perche à crochet.

Il dit à son voisin :

— Si je pêchais un Suisse?

— Pêche-le, dit le voisin.

Et il accrocha un Suisse par sa buffleterie et attira le Suisse à lui.

Le Suisse ne résista que juste ce qu'il fallait pour avoir l'air de résister.

— Ça mord! dit le pêcheur.

— Alors, va en douceur.

L'homme à la perche alla en douceur, et le Suisse passa du vestibule dans la cour, — comme un poisson passe de la rivière sur la berge.

Ce furent de grandes acclamations et de grands éclats de rire.

— Un autre! un autre! cria-t-on de toutes parts.

Le pêcheur avisa un autre Suisse qu'il accrocha comme le premier.

Après le second, vint un troisième.

Puis un quatrième, puis un cinquième.

Tout le régiment y eut passé, si l'on eut entendu retentir le mot: *en joue!*

En voyant s'abaisser les fusils, avec le bruit et la précision mécaniques, qui accompagnent ce mouvement chez les troupes régulières, — un des assaillants, —il y a toujours, en pareilles circonstances, un insensé qui donne le signal du massacre, un des assaillants tira un coup de pistolet sur une des fenêtres du château.

Pendant le court intervalle, qui dans le commandement, sépare le mot *en joue*, du mot *feu*, Pitou comprit tout ce qui allait se passer.

— Ventre à terre! cria-t-il à ses hommes, — ventre à terre! ou vous êtes tous morts!

Et, joignant l'exemple au précepte, — il se jeta ventre à terre lui-même.

Mais avant que son commandement, ou plutôt que sa recommandation, n'ait eu le temps d'être suivie, — le mot *feu!* retentit sous le vestibule, qui s'emplit de bruit et de fumée, en crachant comme une immense espingole, une grêle de balles sur la cour.

La masse compacte, la moitié de la

colonne peut-être était entrée dans la cour, — la masse compacte ondoya comme une moisson courbée par le vent, puis, comme une moisson sciée par la faucille, chancela et s'affaissa sur elle-même.

Le tiers à peine était resté vivant.

Ce tiers s'enfuit passant sous le feu des deux lignes et sous celui des baraques.

Lignes et baraques tirèrent à bout portant.

Les tireurs se fussent tués les uns les autres, s'ils n'avaient pas eu entre eux un si épais rideau d'hommes.

Le rideau se déchira par larges lambeaux, — quatre cents hommes restèrent couchés sur le pavé, dont trois cents, tués raides.

Les cent autres blessés plus ou moins mortellement, se plaignant, essayant de se relever, retombant, donnaient à certaines parties de ce champ de cadavres, une mobilité pareille à celle d'un flot expirant, mobilité effroyable à voir.

Puis, peu à peu tout s'affaissa, et à part quelques entêtés qui s'obstinèrent à vivre, tout rentra dans l'immobilité.

Les fuyards se répandirent dans le Carrousel, débordant d'un côté sur les quais, de l'autre, dans la rue Saint-Honoré, en criant :

— Au meurtre ! on nous assassine.

Au Pont-Neuf, à peu près, ils rencontrèrent le gros de l'armée.

Ce gros de l'armée était commandé par deux hommes à cheval, suivi d'un homme à pied, qui, quoique à pied, semblait avoir part au commandement.

Ils virent venir à eux les fuyards.

— Ah ! crièrent ceux-ci, reconnaissant dans un des deux cavaliers le brasseur du faubourg Saint-Antoine, — remarquable par sa taille colossale à laquelle servait de piédestal un énorme cheval flamand. — Ah ! M. Santerre, — à nous ! à l'aide ! — on égorge nos frères !

— Qui cela? demanda Santerre.

— Les Suisses, — ils ont tiré sur nous, *tandis que nous avions nos bouches à leur joue.*

Santerre se tourna vers le second cavalier.

— Que pensez-vous de cela, — Monsieur? lui demanda-t-il.

— Mais, dit avec un accent allemand très-prononcé, le second cavalier qui était un petit homme blond, portant les cheveux coupés en brosse, — je pense qu'il y a un proverbe militaire qui dit:

— « Le soldat doit se porter où il entend le bruit de la fusillade ou du canon, — portons-nous où se fait le bruit. »

— Mais, demanda l'homme à pied, — vous aviez avec vous un jeune officier, je ne le vois plus.

— Il est tombé le premier, citoyen représentant, répondit un des fuyards, et c'est un malheur, car c'était un bien brave jeune homme.

— Oui, c'était un brave jeune homme, répondit en pâlissant légèrement celui à qui on avait donné le titre de citoyen représentant; oui, c'était un brave jeune homme, aussi va-t-il être bravement vengé. En avant, M. Santerre.

— Je crois, mon cher Billot, répondit Santerre, que dans une aussi grave affaire, il faut appeler à notre aide, non-seulement le courage, mais l'expérience.

— Soit.

— En conséquence, je propose de remettre le commandement général au citoyen Westermann, qui est un vrai général et un ami du citoyen Danton, m'offrant de lui obéir le premier comme simple soldat.

— Tout ce que vous voudrez, dit Billot, pourvu que nous marchions sans perdre un instant.

—Acceptez-vous le commandement ;

citoyen Westermann? demanda Santerre.

— J'accepte, répondit laconiquement le Prussien.

— En ce cas, donnez vos ordres.

— En avant! cria Westermann.

Et l'immense colonne, arrêtée un instant, se remit en route.

Dix heures et demie sonnaient, comme son avant-garde pénétrait à la fois dans le Carrousel, par les guichets de la rue de l'Echelle et par ceux des quais.

VI

De neuf heures à midi.
(*Suite*).

En rentrant au château, M. Rœderer trouva le valet de chambre qui le cherchait de la part de la reine.

Lui-même cherchait la reine, sachant qu'elle était la vraie force du château.

Il fut donc bien heureux de savoir

qu'elle l'attendait dans un endroit écarté où il pourrait lui parler seul et sans être interrompu.

En conséquence, il monta derrière Weber.

La reine était assise près de la cheminée, le dos tourné à la fenêtre.

Au bruit que fit la porte, elle se retourna vivement.

— Eh bien! Monsieur, demanda-t-elle, — interrogeant sans donner un but positif à son interrogation.

— La reine m'a fait l'honneur de m'appeler? répondit Rœderer.

— Oui, Monsieur ; vous êtes un des premiers magistrats de la ville, — votre présence au château est un bouclier pour la royauté ; — je viens donc vous demander ce que nous avons à espérer ou à craindre.

— A espérer peu de chose, Madame, à craindre tout.

— Le peuple marche donc décidément contre le château ?

— Son avant-garde est sur le Carrousel et parlemente avec les Suisses.

— Parlemente ! Monsieur, mais j'ai fait donner l'ordre aux Suisses de repousser la force par la force. Seraient-ils disposés à désobéir?

— Non, Madame, les Suisses mourront à leur poste.

— Et nous au nôtre, Monsieur, de même que les Suisses sont des soldats au service des rois, les rois sont des soldats au service de la royauté.

Rœderer se tut.

— Aurais-je le malheur d'être d'un avis qui ne s'accorderait pas avec le vôtre? demanda la reine.

— Madame, dit Rœderer, je n'aurai d'avis que si Votre Majesté me fait la grâce de m'en demander un.

— Monsieur, je vous le demande.

— Eh bien! Madame, je vais vous le dire avec la franchise d'un homme convaincu : — mon avis est que le roi est perdu s'il reste aux Tuileries.

— Mais si nous ne restons pas aux Tuileries, où irons-nous? s'écria la reine se levant tout effrayée.

— Il n'y a plus, à l'heure qu'il est, dit Rœderer, qu'un asile qui puisse protéger la famille royale.

— Lequel, Monsieur?

— L'Assemblée nationale.

— Comment avez-vous dit, Monsieur?

demanda la reine clignant rapidement des yeux et interrogeant comme une femme convaincue d'avoir mal entendu.

— L'Assemblée nationale, répéta Rœderer.

— Et vous croyez, Monsieur, que je demanderai quelque chose à ces gens-là ?

Rœderer se tut.

— Ennemis pour ennemis, Monsieur, j'aime mieux ceux qui nous attaquent en face et au grand jour que ceux qui veulent tout détruire par derrière et à l'ombre.

— Eh bien ! alors, Madame, décidez-vous, allez en avant vers le peuple ou battez en retraite vers l'Assemblée.

— Battre en retraite, mais sommes-nous donc tellement dépourvus de défenseurs que nous soyons forcés de battre en retraite avant d'avoir essuyé le feu?

— Voulez-vous, avant de prendre une résolution, Madame, écouter le rapport d'un homme compétent et connaître les forces dont vous pouvez disposer?

— Weber, va me chercher un des officiers du château, soit M. Maillardoz, soit M. La Chesnaye, soit...

Elle allait dire soit le comte de Charny, elle s'arrêta.

Weber sortit.

— Si Votre Majesté voulait s'approcher de la fenêtre, elle jugerait par elle-même.

La reine fit avec une répugnance visible quelques pas vers la fenêtre, écarta les rideaux et vit le Carrousel et même la cour royale pleins d'hommes à piques.

— Mon Dieu! s'écria-t-elle, mais que font donc là ces hommes?

— Je l'ai dit à Votre Majesté, ils parlementent.

— Mais ils sont entrés jusque dans la cour du château.

— J'ai cru devoir gagner du temps pour donner à Votre Majesté le loisir de prendre une résolution.

En ce moment la porte s'ouvrit.

— Venez ! venez ! s'écria la reine sans savoir à qui elle s'adressait.

Charny entra.

— Me voilà, Madame, dit-il.

— Ah ! c'est vous, alors je n'ai rien à vous demander, car tout à l'heure vous m'avez déjà dit ce qu'il nous restait à faire.

Et selon Monsieur, demanda Rœderer, il vous reste...

— A mourir, — dit la reine.

— Vous voyez que ce que je vous propose est préférable, Madame.

—Oh! sur mon âme, je n'en sais rien, dit la reine.

— Que propose Monsieur? demanda Charny.

— De conduire le roi à l'Assemblée.

— Ceci n'est point la mort, dit Charny, mais c'est la honte.

— Vous entendez, Monsieur, dit la reine.

— Voyons, dit Rœderer, n'y aurait-il pas un parti moyen?

Weber s'avança.

— Je suis bien peu de chose, dit-il, et je sais qu'il est bien hardi à moi de prendre la parole en pareille compagnie, — mais peut-être mon dévouement m'inspire-t-il, si l'on se contentait de demander à l'Assemblée une députation qui vienne veiller à la sûreté du roi?

— Eh bien! soit, dit la reine, à cela je consens. — Monsieur de Charny, si vous approuvez cette proposition, allez, je vous prie, la transmettre au roi.

Charny s'inclina et sortit.

— Suis le comte, Weber, et rapporte-moi la réponse du roi.

Weber sortit derrière le comte.

La présence de Charny, froid, grave, dévoué, était, sinon pour la reine, du moins pour la femme, un si terrible reproche, qu'elle ne le revoyait qu'en frissonnant.

Puis, peut-être avait-elle quelque pressentiment terrible de ce qui allait se passer.

Weber rentra.

Le roi accepte, Madame, dit-il, et MM. Champion et Dejoly se rendent à l'instant à l'Assemblée pour faire cette demande.

— Mais regardez donc, fit la reine.

— Quoi, Madame? demanda Rœderer.

— Que font-ils donc?

Les assiégeants étaient occupés à pêcher des Suisses.

Rœderer regarda, mais avant qu'il ait eu le temps de se faire une idée de ce qui se passait, un coup de pistolet éclata, qui fut suivi de la terrible décharge.

Le château trembla comme ébranlé dans ses fondements.

La reine poussa un cri, recula d'un pas, — puis, entraînée par la curiosité, revint à la fenêtre.

— Oh ! voyez ! voyez ! s'écria-t-elle les yeux enflammés, ils fuient, ils sont en déroute. Que disiez-vous donc, monsieur Rœderer, que nous n'avions plus d'autres ressources que l'Assemblée ?

— Sa Majesté, dit Rœderer, veut-elle me faire la grâce de me suivre ?

— Voyez, voyez, continua la reine, voici les Suisses qui font une sortie et qui les poursuivent. — Oh ! le Carrousel est libre ! — Victoire ! victoire !

— Par pitié pour vous-même, Madame, dit Rœderer, suivez-moi.

La reine revint à elle et suivit le syndic.

— Où est le roi ? — demanda Rœderer au premier valet de chambre qu'il rencontra.

— Le roi est dans la galerie du Louvre, répondit celui-ci.

— C'est justement là que je voulais conduire Votre Majesté, dit Rœderer.

La reine suivit sans se faire une idée de l'intention de son guide.

La galerie était barricadée à moitié de sa longueur et coupée au tiers. — Deux ou trois cents hommes la défendaient et pouvaient rentrer au Louvre par une espèce de pont volant, qui, repoussé du pied par le dernier fuyard, tombait du premier au rez-de-chaussée.

Le roi était à une fenêtre avec M. de La Chesnaye, M. Maillardoz et cinq ou six gentilshommes.

Il tenait une lunette à la main.

La reine s'approcha du balcon et n'eut pas besoin de lunettes pour voir ce qui se passait.

L'armée de l'insurrection approchait longue et épaisse, couvrant toute la longueur du quai et s'étendant à perte de vue.

Par le Pont-Neuf, le faubourg Saint-

Marceau faisait sa jonction au faubourg Saint-Antoine.

Toutes les cloches de Paris sonnaient frénétiquement le tocsin.

Le bourdon de Notre-Dame couvrait de sa grosse voix toutes ces vibrations de bronze.

Un soleil ardent rejaillissait en milliers d'éclairs sur les canons des fusils et sur les fers des lances.

Puis, comme le bruit lointain de l'orage, on entendait le roulement sourd des canons.

— Eh bien! Madame, demanda Rœderer.

Une cinquantaine de personnes s'étaient amassées derrière le roi.

La reine jeta un long regard sur toute cette foule qui l'entourait.

Ce regard semblait aller jusqu'au fond des cœurs y chercher tout ce qu'il y pouvait rester de dévouement.

Puis muette, pauvre femme, ne sachant à qui s'adresser ni quelle prière faire, elle prit son enfant, le montrant aux officiers suisses, aux officiers de la garde nationale, aux gentilshommes.

Ce n'était plus la reine demandant un trône pour son héritier, c'était la mère en détresse au milieu d'un incendie et criant : — Mon enfant ! qui sauvera mon enfant !

— Allons, Messieurs, dit le roi, — il n'y a plus rien à faire ici.

La reine poussa un soupir, — prit le dauphin dans ses bras et se tournant vers Madame de Lamballe et Madame de Tourzelle.

— Venez, Mesdames, dit-elle, — puisque le roi le veut ainsi.

C'était dire à toutes les autres : je vous abandonne.

Madame Campan attendait la reine

dans le corridor par lequel elle devait passer.

La reine la vit.

— Attendez-moi dans mon appartement, dit-elle, je viendrai vous rejondre ou je vous enverrai chercher pour aller, — Dieu sait où.

Puis se penchant tout bas vers Madame Campan.

— Oh! murmura-t-elle, — une tour au bord de la mer!

Les gentilshommes abandonnés se regardaient les uns les autres et semblaient se dire, — Est-ce pour le roi que nous sommes venus chercher la mort ici?

M. de Lachenaye comprit cette muette interrogation.

— Non, Messieurs, dit-il, c'est pour la royauté, — l'homme est mortel, le principe impérissable.

Quant aux malheureuses femmes, — et il y en avait beaucoup, quelques-unes absentes du château avaient faits des efforts inouïs pour y rentrer, — quant aux malheureuses femmes, elles étaient terrifiées.

On eut dit autant de statues de marbre debout aux angles des corridors et sur les paliers des escaliers.

Enfin le roi daigna penser à ceux qu'il abandonnait.

Au bas de l'escalier il s'arrêta.

— Mais, dit-il, que vont devenir toutes les personnes que je laisse là haut.

— Sire, répondit Rœderer, rien ne leur sera plus facile que de vous suivre, elles sont en habit de ville et passeront par le jardin.

— C'est vrai, dit le roi, — allons.

— Ah! M. de Charny, dit la reine apercevant le comte qui l'attendait à la porte du jardin l'épée nue, que ne vous ai-je écouté avant-hier quand vous m'avez conseillé de fuir.

Pendant ce temps le roi causait tout bas avec le syndic de la commune, ou plutôt Rœderer lui répétait ce qu'il avait déjà dit à la reine.

Deux groupes bien distincts s'étaient formés autour des deux augustes personnages.

Le groupe du roi, froid, grave, — composé de conseillers qui semblaient approuver l'avis émis par Rœderer.

Le groupe de la reine, ardent, enthousiaste, nombreux, composé de jeunes militaires, agitant leurs chapeaux, tirant leurs épées, levant les mains vers le Dauphin, baisant à genoux la robe de la reine, jurant de mourir pour l'un et pour l'autre.

Dans cet enthousiasme la reine retrouva un instant d'espoir.

En ce moment le groupe du roi se réunit à celui de la reine, et le roi, avec son impassibilité ordinaire, se retrouva le centre des deux groupes confondus.

Cette impassibilité, c'était peut-être du courage.

La reine saisit deux pistolets à la ceinture de M. Maillardoz, commandant des Suisses.

— Allons, Sire, dit-elle, voici l'instant de vous montrer ou de périr au milieu de vos amis.

Ce mouvement de la reine avait porté

l'enthousiasme, à son comble chacun attendait la réponse du roi, bouche béante, haleine suspendue.

Un roi jeune, beau, brave, qui l'œil ardent, la lèvre frémissante se fut jeté, les deux pistolets à la main, au milieu du combat, pouvait changer la face de la fortune peut-être.

On attendait, on espérait :

Le roi prit les pistolets des mains de la reine et les rendit à M. Maillardoz.

Puis se retournant vers le syndic de la commune.

— Vous dites donc, Monsieur, que je

dois me rendre à l'Assemblée, demanda-t-il.

— Sire, répondit Rœderer en s'inclinant, — c'est mon avis.

— Est-ce aussi le vôtre, Monsieur, demanda le Roi au comte de Charny.

Le comte ne répondit point, mais s'approchant du Roi.

— Sire, dit-il, le roi voudrait-il prendre mon chapeau et me donner le sien qui pourrait le faire reconnaître.

— Ah! c'est vrai, dit le roi, à cause de la plume blanche, merci, Monsieur.

Et il prit le chapeau de Charny et lui donna le sien.

— Monsieur, dit la reine, le roi courrait-il quelques dangers pendant cette traversée.

— Vous voyez, Madame, qui si ces dangers existent je fais ce que je puis pour les détourner de celui qu'ils menacent.

— Sire, dit le capitaine suisse chargé de protéger le passage du roi à travers le jardin, Votre Majesté est-elle prête?

— Oui, dit le roi en enfonçant sur sa tête le chapeau de Charny.

— Alors, dit le capitaine, sortons.

Le roi s'avança au milieu de deux rangs de suisses qui marchaient du même pas que lui.

Tout-à-coup on entendit de grands cris à droite.

La porte qui donnait sur les Tuileries, près du café de Flore, était forcée.

Une masse de peuple sachant que le roi se rendait à l'Assemblée se précipitait dans le jardin.

Un homme, qui paraissait conduire toute cette bande, portait pour bannière une tête au bout d'une pique.

Le capitaine fit faire halte et apprêter les armes.

— Monsieur de Charny, dit la reine, si vous me voyez au point de tomber aux mains de ces misérables vous me tuerez, n'est-ce pas ?

— Je ne puis vous promettre cela, Madame, répondit Charny.

— Et pourquoi cela, s'écria la reine.

— Parce qu'avant qu'une seule main vous ait touché je serai mort.

— Tiens, dit le roi, — c'est la tête de ce pauvre M. Mandat, je la reconnais.

Cette bande d'assassins n'osa approcher, mais elle accabla d'injures le roi et la reine, — cinq ou six coups de fusil furent tirés, un Suisse tomba mort, un autre blessé.

Le capitaine ordonna de mettre en joue, — ses hommes obéirent.

— Ne tirez pas, Monsieur, dit Charny, ou pas un de nous n'arrivera vivant à l'Assemblée.

— Vous avez raison, Monsieur, dit le capitaine, arme au bras.

— Les soldats remirent l'arme au bras et l'on continua de s'avancer en coupant diagonalement le jardin.

Les chaleurs de l'année avaient jauni les marronniers, quoiqu'on ne fut qu'au commencement d'août; des feuilles déjà séchées jonchaient la terre.

Le petit Dauphin les roulait sous ses

pieds et s'amusait à les pousser sous ceux de sa sœur.

— Les feuilles tombent de bonne heure cette année, dit le roi.

— N'y a-t-il pas un de ces hommes qui a écrit : *La royauté n'ira pas jusqu'à la chute des feuilles,* — demanda la reine.

— Oui, Madame, dit Charny.

— Et comment appelle-t-on cet habile prophète ?

— Manuel.

Cependant un nouvel obstacle se présentait à la marche de la famille royale : c'était un groupe considérable d'hommes et de femmes qui attendaient avec des gestes menaçants et agitant leurs armes, sur l'escalier et sur la terrasse, qu'il fallait monter et traverser pour se rendre du jardin au Manége.

Le danger était d'autant plus réel qu'il n'y avait plus moyen pour les Suisses de garder leurs rangs.

Le capitaine essaya cependant de leur faire percer la foule, mais il se manifesta une telle rage que Rœderer s'écria :

— Messieurs, prenez garde, vous allez faire tuer le roi.

On fit halte et l'on envoya un messager

prévenir l'Assemblée que le roi venait lui demander asile.

L'Assemblée envoya une députation, mais la vue de cette députation redoubla la fureur de la multitude.

On n'entendait que ces cris poussés avec fureur :

A bas Veto ! à bas l'Autrichienne ! la déchéance ou la mort !

Les deux enfants comprenant que c'était surtout leur mère qui était menacée se pressaient contre elle.

Le petit Dauphin demandait :

— Monsieur de Charny, pourquoi tous ces gens-là veulent-ils tuer maman ?

Un homme d'une taille colossale, armé d'une pique et criant plus haut que les autres : *à bas Veto ! à mort l'Autrichienne !* essayait en dardant cette pique d'atteindre tantôt la reine, tantôt le roi.

Les cris de *à bas Veto ! à mort l'Autrichienne !* au lieu de se calmer, redoublaient.

L'escorte suisse avait été écartée peu à peu ; la famille royale n'avait plus autour d'elle que les six gentilshommes qui étaient sortis avec elle des Tuileries, M. de Charny et la députation de la chambre qui était venue la chercher.

Il y avait plus de trente pas à faire au milieu d'une foule compacte.

Il était évident qu'on en voulait aux jours du roi et surtout à ceux de la reine.

Au bas de l'escalier la lutte commença.

— Monsieur, dit Rœderer à Charny, remettez votre épée au fourreau ou je ne réponds de rien.

Charny obéit sans prononcer une parole.

Le groupe royal fut soulevé par la foule, comme dans une tempête une barque est soulevée par les flots et fut entraînée du côté de l'Assemblée ; le roi fut obligé de repousser un homme qui lui avait mis le poing devant le visage.

Le petit Dauphin presqu'étouffé criait et tendait les bras comme pour appeler au secours.

Un homme s'élança, le prit et l'arracha des mains de sa mère :

— Monsieur de Charny! mon fils! s'écria-t-elle, au nom du ciel, sauvez mon fils!

Charny fit quelques pas vers l'homme qui emportait l'enfant; mais à peine eut-il démasqué la reine que deux ou trois bras s'étendaient vers elle, et qu'une main la saisit par le fichu qui couvrait sa poitrine.

La reine jeta un cri.

Charny oublia la recommandation de M. Rœderer, et son épée disparut tout entière dans le corps de l'homme qui avait osé porter la main sur la reine.

La foule jeta un cri de rage en voyant tomber un des siens et se rua plus violemment sur le groupe.

Les femmes hurlaient :

— Mais tuez-là donc, l'Autrichienne, donnez-nous-la donc que nous l'égorgions ; à mort! à mort!

Et vingt bras nus s'étendaient pour la saisir.

Mais elle, folle de douleur, ne s'inquiétant plus de son propre danger, ne cessait de crier :

— Mon fils ! mon fils !

On touchait presqu'au seuil de l'Assemblée, la foule fit un dernier effort, elle sentait que sa proie allait lui échapper.

Charny était si serré qu'il ne pouvait plus frapper que du pommeau de son épée.

Il vit, parmi tous ces poings fermés et menaçants, une main armée d'un pistolet qui cherchait la reine.

Il lâcha son épée, saisit des deux mains le pistolet, l'arracha à celui qui le tenait et le déchargea dans la poitrine du plus proche assaillant.

L'homme foudroyé tomba.

Charny se baissa pour ramasser son épée.

L'épée était déjà aux mains d'un homme du peuple qui essayait d'en frapper la reine.

Charny s'élança sur l'assassin.

En ce moment, la reine entrait à la suite du roi dans le corridor de l'Assemblée, elle était sauvée.

Il est vrai que derrière elle la porte se refermait, et que sur le pas de cette porte

Charny tombait frappé à la fois d'un coup de barre de fer à la tête et d'un coup de pique dans la poitrine.

— Comme mes frères, murmura-t-il en tombant; pauvre Andrée !

Le destin de Charny s'accomplissait, comme celui d'Isidore, comme celui de Georges.

Celui de la reine allait s'accomplir.

Au reste, au même moment, une décharge effroyable d'artillerie annonçait que les insurgés et le château étaient aux prises.

VII

De midi à trois heures.

Un instant, comme la reine, en voyant la fuite de l'avant-garde, les Suisses purent croire qu'ils avaient eu affaire à l'armée elle-même, et que cette armée était dissipée.

Ils avaient tué quatre cents hommes à peu près dans la cour Royale, — cent cinquante ou deux cents dans le Carrousel, ils avaient enfin ramené sept pièces de canon.

Aussi loin que la vue pouvait s'étendre, on n'apercevait pas un homme en état de se défendre.

Une seule petite batterie isolée, établie sur la terrasse d'une maison faisant face au corps de garde des Suisses, continuait son feu sans que l'on pût parvenir à la faire taire.

Cependant, comme on se croyait maître de l'insurrection, on allait prendre des mesures pour en finir avec elle. — Coûte que coûte, lorsque l'on entendit retentir du côté des quais le roulement des tambours et les rebondissements bien autrement sombres de l'artillerie.

C'était cette armée que le roi regardait venir avec une lunette de la galerie du Louvre.

En même temps le bruit commença de se répandre que le roi avait quitté le château et était allé demander un aide à l'Assemblée.

Il est difficile de dire ce que produisit cette nouvelle, même sur les royalistes les plus dévoués.

Le roi qui avait promis de mourir à son poste royal désertait ce poste et passait à l'ennemi.

Ou tout au moins se rendait prisonnier sans combattre !

Dès-lors, les gardes nationaux se regardèrent comme déliés de leur serment et se retirèrent presque tous.

Quelques gentilshommes les suivirent, jugeant inutile de se faire tuer pour une cause qui s'avouait perdue elle-même.

Les Suisses seuls restèrent, — sombres, silencieux, — mais esclaves de la discipline.

Du haut de la terrasse du pavillon de

Flore et par la fenêtre de la galerie du Louvre, on voyait venir ces héroïques faubourgs auxquels aucune armée n'a jamais résisté, et qui en un jour avaient renversé la Bastille, — cette forteresse dont les pieds étaient enracinés au sol depuis quatre siècle.

Les assaillants avaient leur plan, ils croyaient le roi au château, ils voulaient de tous côtés envelopper le château afin de prendre le roi.

La colonne qui suivait le quai de la rive gauche reçut ordre en conséquence de forcer la grille du bord de l'eau, — celle de la rue Saint-Honoré, la porte des Feuillants, tandis que la colonne de la rive droite, commandée par Westermann, ayant sous ses ordres Santerre et Billot, attaquerait de face.

Celle-là déboucha tout-à-coup par tous les guichets du Carrousel en chantant le *Ça ira.*

Les Marseillais menaient la tête de colonne, traînant au milieu de leurs rangs deux petites pièces de quatre chargées à mitraille.

Deux cents Suisses à peu près étaient en bataille sur le Carrousel.

Ils marchèrent droit à eux et au moment où ils abaissèrent leurs fusils pour faire feu, ils démasquèrent leurs deux canons et firent feu eux-mêmes.

Les soldats déchargèrent leurs fusils, mais rentrèrent aussitôt, laissant à leur tour une trentaine de morts et de blessés sur le pavé du Carrousel.

Aussitôt les insurgés, ayant en tête les fédérés Marseillais et Bretons, se ruant sur le château, s'emparèrent de deux cours.

De la cour Royale placée au centre, — celle où il y avait tant de morts, — de la cour des Princes, voisine du pavillon de Flore et du quai.

Billot avait voulu combattre là où son

pauvre Pitou avait été tué, — puis il lui restait un espoir, il faut le dire, c'est que le pauvre garçon n'était que blessé et qu'il lui rendrait dans la cour Royale, — le service que Pitou lui avait rendu dans le Champ-de-Mars.

Il entra donc un des premiers dans la cour du centre ; l'odeur du sang était telle, qu'on se serait cru dans un abattoir.

Elle s'exhalait de ce monceau de cadavres, visible en quelque sorte comme une fumée.

Cette vue, — cette odeur exaspérèrent les assaillants; ils se ruèrent sur le château.

D'ailleurs, eussent-ils voulu reculer, — c'était impossible, les masses qui s'engouffraient incessamment par les guichets du Carrousel, beaucoup plus petit à cette époque qu'il n'est aujourd'hui, — les poussaient en avant.

Mais, hâtons-nous de le dire, quoique la façade du château ressemblât à un feu d'artifice, nul n'avait même l'idée de faire un pas en arrière.

Et cependant, une fois entré dans cette cour du centre, les insurgés, — comme ceux dans le sang desquels ils marchaient jusqu'à la cheville, — les insurgés se trouvaient pris entre trois feux, le feu du vestibule de l'horloge, celui du double rang de baraques.

Il fallait d'abord éteindre ce feu des baraques.

Les Marseillais se jetèrent sur elles comme des dogues sur un brasier ; mais ils ne purent les démolir avec leurs mains.

Ils demandaient des leviers, des hoyaux, des pioches.

Billot demanda des gargousses.

Westermann comprit le plan de son lieutenant.

On apporta des gargousses avec des mèches.

Au risque que les gargousses éclatassent dans leurs mains, les Marseillais mirent le feu aux mèches et lancèrent les gargousses dans les baraques.

Les baraques s'enflammèrent.

Ceux qui les défendaient furent obligés de les évacuer et de se réfugier sous le vestibule.

Les insurgés, — Billot en tête, profitèrent de ce moment pour suivre les fuyards jusque sous le vestibule.

Là on se heurta, fer contre fer, — feu contre feu.

Tout-à-coup Billot se sentit étreint par derrière; il se retourna, croyant avoir affaire à un ennemi.

Mais, à la vue de celui qui l'étreignait, il jeta un cri de joie.

C'était Pitou.

Pitou, méconnaissable, — couvert de sang des pieds à la tête, mais Pitou, sain et sauf, — Pitou sans une seule blessure.

Au moment où il avait vu s'abaisser les fusils des Suisses, il avait, comme nous l'avons dit, — crié : Ventre à terre !

Et il avait donné l'exemple.

Mais cet exemple, ses compagnons n'avaient pas eu le temps de le suivre.

La fusillade, comme une immense

faulx, avait alors passé à hauteur d'homme et scié les trois quarts de ces épis humains, qui mettent vingt-cinq ans à pousser et qu'une seconde, ploie et brise

Pitou s'était littéralement senti enseveli sous les cadavres.

Puis baignée d'une liqueur tiède et ruisselante de tous côtés.

Malgré l'impression profondément désagréable que Pitou ressentait, étouffé par le poids des morts, — baigné par leur sang, il résolut de ne pas souffler le mot et d'attendre, pour donner signe de vie, — un instant favorable.

Cet instant favorable, il l'avait attendu plus d'une heure.

Il est vrai que chaque minute de cette heure lui avait paru une heure elle-même.

Enfin cet instant favorable lui parut arrivé, quand il entendit les cris de victoire de ses compagnons, et au milieu de ces cris la voix de Billot qui l'appelait.

Alors comme Encelade, enseveli sous le mont Etna, il avait secoué cette couche de cadavres qui le recouvrait, était parvenu à se remettre debout, et ayant reconnu Billot au premier rang, — il s'était empressé de le presser contre son cœur, sans s'inquiéter de quel côté il l'y pressait.

Une décharge des Suisses, qui coucha une dizaine d'hommes par terre, rappela Billot et Pitou à la gravité de la situation.

Neuf cents toises de bâtiments brûlaient à droite et à gauche de la cour du Centre.

La fusillade emplissait la cour.

Le temps était lourd et sans le moindre vent.

La fumée de l'incendie et de la fusillade pesait sur les combattants.

La fumée emplissait le vestibule.

Toute la façade dont chaque fenêtre flamboyait était couverte d'un voile de fumée.

On ne voyait ni où l'on envoyait la mort ni d'où on la recevait.

Pitou, Billot, les Marseillais, la tête de colonne marchèrent en avant, — et au milieu de la fumée pénétrèrent dans le vestibule.

On se heurta à un mur de bayonnettes.

C'étaient celles des Suisses.

Ce fut alors que les Suisses commencèrent leur retraite, retraite héroïque dans laquelle, pas à pas, de marche en marche, laissant un rang des siens sur chaque degré, le bataillon se replia lentement.

Le soir on compta quatre-vingts cadavres sur l'escalier.

Tout-à-coup on entendit retentir par les chambres et par les corridors du château — ce cri :

— Le roi ordonne aux Suisses de cesser le feu !

Il était deux heures de l'après-midi.

Voici ce qui s'était passé à l'Assemblée et ce qui avait amené l'ordre que l'on proclamait aux Tuileries pour faire cesser la lutte, ordre qui avait le double avantage de diminuer l'exaspération des vainqueurs et de couvrir l'honneur des vaincus.

Au moment où la porte des Feuillants s'était refermée derrière la reine, et où, à travers cette porte encore entr'ouverte, elle avait vu levier de fer, bayonnettes et piques menacer Charny, elle avait jeté un cri et tendu les bras vers cette porte ; — mais, entraînée dans la salle par ceux qui l'accompagnaient, en même temps que par cet instinct de mère qui lui disait avant toutes choses de suivre son enfant, elle était entrée à la suite du roi dans l'Assemblée.

Là, une grande joie lui avait été rendue, elle venait d'apercevoir son fils assis sur le bureau de l'Assemblée ; l'homme qui l'avait apporté là secouait triomphalement son bonnet rouge au-dessus de la tête du jeune prince, et criait tout joyeux :

— J'ai sauvé le fils de mes maîtres ! Vive monseigneur le Dauphin !

Mais son fils en sûreté, — un subit retour du cœur de la reine la ramena vers Charny.

— Messieurs, dit-elle, un de mes officiers les plus braves, un de mes serviteurs les plus dévoués, est resté à la porte et en danger de mort ; je vous demande secours pour lui.

Cinq ou six députés s'élancèrent à cette voix.

Le roi, la reine, la famille royale et les deux ministres qui les accompagnaient se dirigèrent vers les siéges destinés aux ministres et y prirent place.

Vergniaud présidait.

L'Assemblée les avait reçus debout, non point à cause de l'étiquette due aux têtes couronnées, mais à cause du respect dû au malheur.

Avant de s'asseoir, le roi fit signe qu'il voulait parler.

On fit silence.

— Je suis venu ici, dit-il, pour éviter un grand crime ; — j'ai pensé que je ne pouvais pas être plus en sûreté qu'au milieu de vous.

— Sire, répondit Vergniaud, vous pouvez compter sur la fermeté de l'Assemblée nationale ; — ses membres ont juré de mourir en défendant les droits du peuple et les autorités constituées.

Le roi s'assit.

En ce moment, une fusillade effroyable retentit presque aux portes de l'Assemblée ; — c'était la garde nationale mêlée aux insurgés, qui, de la terrasse des Feuillants, tirait sur le capitaine et les soldats suisses qui avaient servi d'escorte à la famille royale.

Un officier de la garde nationale, qui avait perdu la tête, entra tout effaré et ne s'arrêta qu'à la barre, criant :

— Les Suisses ! les Suisses ! nous sommes forcés !

L'Assemblée crut un instant que les Suisses, vainqueurs, avaient repoussé l'insurrection et marchaient sur le Manége pour reprendre leur roi; — car dans ce moment, nous devons le dire, Louis XVI était bien plus le roi des Suisses que le roi des Français.

Elle se leva toute entière d'un mouvement spontané unanime, et, représentants du peuple, spectateurs des tribunes, gardes nationaux, secrétaires, chacun étendant la main cria :

— Quelque chose qui arrive, nous jurons de vivre et de mourir libres.

Le roi et la famille royale n'avaient rien à faire dans ce serment, — aussi restèrent-ils seuls assis.

Ce cri poussé par trois mille bouches passa comme un ouragan au-dessus de leur tête.

L'erreur ne fut pas longue, — mais cette minute d'enthousiasme fut sublime.

Dix minutes après, un autre cri retentit.

— Le château est forcé! les insurgés marchent sur l'Assemblée pour y égorger le roi!

Alors ces mêmes hommes, qui, en haine de la royauté, venaient de jurer de mourir libres, — se levèrent avec le même élan et la même spontanéité, jurant de défendre le roi jusqu'à la mort.

En ce moment on sommait, au nom de l'Assemblée, le capitaine suisse Durler de mettre bas les armes.

— Je sers le roi et non l'Assemblée, dit-il ; — où est l'ordre du roi ?

Les mandataires de l'Assemblée n'avaient pas d'ordre.

— Je tiens mon commandement du roi, dit Durler, — je ne le remettrai qu'au roi.

On l'amena presque de force à l'Assemblée.

Il était tout noir de poudre, tout rouge de sang.

— Sire, dit le brave capitaine, on veut que je mette bas les armes, est-ce l'ordre du roi?

— Oui, dit le roi, rendez vos armes à la garde nationale, — je ne veux pas que des braves gens, comme vous, périssent.

M. de Durler courba la tête, poussa un soupir et sortit; mais à la porte, il fit dire qu'il n'obéirait que sur un ordre écrit.

Alors le roi prit un papier et écrivit :

« Le roi ordonne aux Suisses de déposer les armes et de se retirer aux casernes. »

C'était cet ordre que l'on criait dans les chambres, les corridors et les escaliers des Tuileries.

Comme cet ordre venait de rendre quelque tranquillité à l'Assemblée, le président agita sa sonnette.

— Délibérons, dit-il.

Mais alors un membre de l'Assemblée se leva et fit observer qu'un article de la Constitution défendait de délibérer en présence du roi.

— C'est vrai, dit Louis XVI, — mais où allez-vous nous mettre?

Sire, dit le président, nous avons à vous offrir la tribune du journal le *Logographe*, qui est vide, le journal ayant cessé de paraître.

— C'est bien, dit le roi, — nous sommes prêts à nous y rendre.

— Huissiers ! cria Vergniaud, — conduisez le roi à la loge du *Logographe*.

Les huissiers se hâtèrent d'obéir.

Le roi, la reine, la famille royale, reprirent, pour sortir de la salle, le chemin qu'ils avaient déjà pris pour entrer, et se retrouvèrent dans le corridor.

— Qu'y a-t-il donc à terre? demanda la reine, — on dirait du sang.

Les huissiers ne répondirent point; —

sans doute ignoraient-ils si ces taches étaient véritablement des taches de sang et d'où ces taches venaient.

Les taches, chose étrange, étaient plus larges et plus fréquentes à mesure qu'on approchait de la loge.

Pour épargner ce spectacle à la reine, le roi doubla le pas, et ouvrant la loge lui-même :

— Entrez, Madame, — dit-il à la reine.

La reine s'élança, mais en mettant le pied sur le seuil de la porte, elle poussa un cri d'horreur, et, les mains sur les yeux, se rejeta en arrière.

La présence des taches de sang était expliquée.

Un cadavre avait été déposé dans la loge.

C'était ce cadavre que la reine, dans sa précipitation, avait presque heurté du pied, qui lui avait fait pousser ce cri et se rejeter en arrière.

— Tiens, — dit le roi, du même ton dont il avait dit : C'est la tête de ce pauvre M. Mandat ; — tiens, dit le roi, — c'est le cadavre de ce pauvre comte de Charny.

C'était, en effet, le cadavre du comte que les députés avaient tiré des mains des égorgeurs et qu'ils avaient donné l'ordre de placer dans la loge du *Logographe*, ne pouvant deviner que dix minutes après on y installerait la famille royale.

On emporta le cadavre du comte, et la famille royale prit place dans la loge.

On voulait la laver ou l'essuyer, car le plancher était tout couvert de sang.

Mais la reine fit un signe d'opposition, et la première prit sa place.

Seulement, nul ne vit qu'elle brisait les cordons de ses souliers et mettait ses pieds frémissants, en contact avec ce sang tiède encore.

— Oh! murmura-t-elle, — Charny! —

cher Charny, pourquoi mon sang ne coule-t-il pas ici jusqu'à la dernière goutte, pour se mêler pendant l'éternité avec le tien.

Trois heures de l'après-midi sonnaient.

cher Charny, pourquoi mon sang ne
coule-t-il pas ici jusqu'à la dernière
goutte, pour se mêler pendant l'éternité
avec le tien.

Trois heures de l'après-midi sonnaient

VIII

De trois à six heures de l'après-midi.

Nous avons abandonné le château, au moment où le vestibule du milieu forcé, où les suisses repoussés de marche en marche jusqu'aux appartements du roi, — une voix retentit dans les chambres et dans les corridors, criant :

— Ordre aux Suisses de déposer les armes !

Ce livre est probablement le dernier que nous ferons sur cette terrible époque. A mesure que notre récit avance, nous abandonnons donc le terrain que nous venons de parcourir, pour n'y revenir jamais. Qu'on nous permette, en conséquence, de mettre dans tous ses détails, cette suprême journée sous les yeux de nos lecteurs.

Nous en avons d'autant plus le droit que nous le faisons sans aucune prévention, sans aucune haine, sans aucun parti pris.

Le lecteur est entré dans la cour

Royale à la suite des Marseillais, il a suivi Billot au milieu de la flamme et de la fumée, et il l'a vu monter avec Pitou, spectre sanglant sorti du milieu des morts, chaque marche de l'escalier au haut duquel nous les avons laissés.

A partir de ce moment, les Tuileries étaient prises.

Quel est le sombre génie qui avait présidé à la victoire ?

— La colère du peuple, — répondra-t-on.

— Oui, sans doute, — mais qui dirigea cette colère ?

L'homme que nous avons nommé à peine, cet officier prussien, marchant sur un petit cheval noir, côte à côte du géant Santerre et de son colossal cheval flamand.

L'Alsacien Westermann !

Qu'était-ce que cet homme qui, pareil à l'éclair, se fait seulement visible au milieu de la tempête ?

Un de ces hommes que Dieu tient caché dans l'arsenal de ses colères, et qu'il ne tire de l'obscurité qu'au moment où il en a besoin, qu'à l'heure où il veut frapper.

Il s'appelle *Westermann*, — l'homme du couchant.

Et en effet, il apparaît quand la royauté tombe pour ne plus se relever.

Qui l'a inventé ? Qui l'a deviné ? Quel a été l'intermédiaire entre lui et Dieu ?

Qui a compris qu'à ce géant, taillé dans le bloc matériel de la chair, il fallait une âme, dans cette lutte où les Titans devaient détrôner Dieu ?

Qui a parfait Geyron avec Prométhée ?

Qui a complété Santerre avec Westermann ?

Danton.

Où le terrible tribun a-t-il été chercher ce vainqueur ?

Dans une sentine, dans un égout, dans une prison ?

A Saint-Lazare.

Westermann était accusé, — entendons-nous bien, — pas convaincu, — accusé d'avoir fait de faux billets de caisses et détenu préventivement.

Danton avait besoin, pour l'œuvre du 10 août, d'un homme qui ne put pas reculer, parce qu'en reculant il eut monté au pilori.

Danton le couvait du regard, — au jour et à l'heure où il en eut besoin, il brisa chaînes et verrous de sa main puissante et dit au prisonnier : — Viens !

La révolution consiste, non-seulement comme je l'ai dit, — à mettre dessus ce qui est dessous, — mais à mettre les captifs en liberté, et en prison les gens libres.

Non-seulement les gens libres, mais les puissants de la terre, les grands, les princes, les rois.

Sans doute c'était dans sa sécurité de ce qui allait advenir, — que Danton parut si engourdi pendant les fiévreuses ténèbres qui précédèrent la sanglante aurore du 10 août.

Il avait dès la veille semé le vent, il n'avait plus à s'inquiéter de rien, certain qu'il était de recueillir la tempête.

Le vent, ce fut Westermann, la tempête, ce fut Santerre, cette gigantesque personnification du peuple.

Santerre se montra à peine ce jour-là.

— Westermann fit tout, fut partout.

Ce fut Westermann qui dirigea le mouvement de jonction du faubourg Saint-Marceau et du faubourg Saint-Antoine au Pont-Neuf, — ce fut Westermann qui, monté sur son petit cheval noir, apparut en tête de l'armée sous le guichet du Carrousel, — ce fut Westermann qui, comme s'il s'agissait de faire ouvrir la porte d'une caserne à un régiment arrivé à la fin de son étape, vint heurter de la poignée de son épée à la porte des Tuileries.

Nous avons vu comment cette porte s'était ouverte, — comment les Suisses avaient fait héroïquement leur devoir,

— comment ils avaient battu en retraite sans fuir, — comment ils avaient été détruits sans être vaincus.

Nous les avons suivis marche à marche dans l'escalier, qu'ils couvrent de leurs morts, suivons-les pas à pas dans les Tuileries, qu'ils vont joncher de cadavres.

Au moment où l'on apprit que la reine venait de quitter le château, les deux ou trois cents gentilshommes qui étaient venus pour mourir avec le roi se réunirent dans la salle des gardes de la reine, pour se demander si, le roi n'étant plus là pour mourir avec eux, comme il s'y était solennellement engagé, ils devaient mourir sans lui.

Alors ils décidèrent, puisque le roi était allé à l'Assemblée nationale, d'aller eux-mêmes à l'Assemblée nationale pour y rejoindre le roi.

Ils rallièrent tous les Suisses qu'ils purent rencontrer, une vingtaine de gardes nationaux, et au nombre de cinq cents, descendirent vers le jardin.

Le passage était fermé par une grille, appelée la grille de la reine.

On voulut faire sauter la serrure, la serrure résista.

Les plus forts se mirent à secouer un barreau et parvinrent à le briser.

L'ouverture donnait passage à la

troupe, mais homme à homme seulement.

On était à trente pas des bataillons, postés à la grille du Pont-Royal.

Ce furent deux soldats suisses qui sortirent les premiers par l'étroit passage.

Tous deux furent tués avant d'avoir fait quatre pas.

Tous les autres passèrent sur leurs cadavres.

La troupe fut criblée de coups de fusils, — seulement, comme les Suisses avec leurs uniformes éclatants, offraient un plus facile point de mire, — ce fut sur les Suisses que se dirigèrent de préférence les balles.

Pour deux gentilshommes tués et un blessé, soixante ou soixante-dix Suisses tombèrent.

Les deux gentilshommes tués furent MM. de Castéjà et de Clermont d'Amboise.

Le gentilhomme blessé fut M. de Viomesnil.

En marchant vers l'Assemblée nationale, on passa devant le corps de garde, appuyé contre la terrasse du bord de l'eau, et placé sous les arbres.

La garde sortit, fit feu sur les Suisses dont huit ou dix tombèrent.

Le reste de la colonne qui, en quatre-vingts pas à peu près, avait perdu quatre-vingts hommes, se dirigea vers l'escalier des Feuillants.

M. de Choiseul les vit de loin, et l'épée à la main, courant à eux, sous le feu des canons du Pont-Royal et du Pont-Tournant, essaya de les rallier.

— A l'Assemblée nationale! — cria-t-il.

Et, se croyant suivi par les quatre cents hommes qui restaient, il s'élança dans les corridors de la salle et à travers l'escalier qui conduisait à la chambre des séances.

A la dernière marche il rencontra Merlin.

— Que faites-vous ici l'épée à la main ? malheureux ! — lui dit ce député.

M. de Choiseul regarda autour de lui : il était seul.

— Remettez votre épée au fourreau et allez retrouver le roi, lui dit Merlin. — Il n'y a que moi qui vous ai vu ; donc, personne ne vous a vu.

Qu'était devenue cette troupe dont M. de Choiseul se croyait suivi ?

Les coups de canon et la fusillade l'avaient fait tourner sur elle-même comme un tourbillon de feuilles sèches, et l'avaient poussée sur la terrasse de l'Orangerie.

De la terrasse de l'Orangerie, les

fuyards s'élancèrent sur la place Louis XV et prirent la route du Garde-Meuble pour s'échapper, soit par les boulevards, soit par les Champs-Élysées.

Rue St-Florentin, M. de Viomenil, huit ou dix gentilshommes et cinq Suisses trouvèrent l'hôtel de l'ambassade de Venise ouvert, et s'y précipitèrent.

La porte se referma sur eux.

Ils étaient sauvés.

Le reste de la colonne essayait de gagner les Champs-Élysées.

Deux coups de canons chargés à mitraille, partis du pied de la statue de Louis XV, la brisa en trois tronçons.

L'un s'enfuit par le boulevard et rencontra la gendarmerie qui arrivait avec le bataillon des Capucins.

Les fugitifs se crurent sauvés. M. de Villers, ancien aide-major de gendarmerie, lui-même courut à l'un des cavaliers les bras ouverts, en criant : A nous, mes amis !

Le cavalier tira un pistolet de ses fontes et lui brûla la cervelle.

A cette vue, trente Suisses et un gentilhomme, ci-devant page du roi, se jetèrent dans l'hôtel de la Marine.

Là, on se demanda ce que l'on devait faire.

Les trente Suisses furent d'avis de se

rendre ; et voyant apparaître huit sans-culottes, jetèrent leurs fusils en criant :

— Vive la Nation !

— Ah ! traîtres, — dirent les sans-culotte,— vous vous rendez parce que vous vous voyez pris ; vous criez vive la nation, parce que vous croyez que ce cri vous sauvera.

— Non, pas de quartier.

Et en même temps deux Suisses tombent, l'un frappé d'un coup de pique, l'autre d'un coup de fusil.

Aussitôt leur tête est coupée et mise au bout d'une pique.

Les Suisses, furieux de la mort de

leurs deux camarades, se jettent alors sur leurs fusils, et font feu tous à la fois.

Sept sans-culottes sur huit tombent.

Les Suisses s'élancent aussitôt sous la grande porte pour se sauver, et se trouvent face à face avec la bouche d'un canon.

Ils reculent, le canon avance et les suit jusque sous la porte.

Tous se groupent dans un angle de la cour.

Le canon pivote, tourne sa gueule de leur côté et fait feu. Vingt-trois sont tués sur vingt-huit.

Par bonheur, presqu'en même temps,

au moment où la fumée aveugle ceux qui viennent de faire feu, une porte s'ouvre derrière les cinq Suisses et le page du roi qui restent.

Tous six se précipitent par cette porte qui se referme. Les patriotes n'ont pas vu cette espèce de trappe anglaise par laquelle les survivants viennent de disparaître.

Ils croient avoir tout tué et s'éloignent, entraînant leur pièce canon avec des cris de triomphe.

Le deuxième tronçon se composait d'une trentaine de soldats et de gentilshommes, il était commandé par M. Forestier de Saint-Venant ; cerné de tous côtés à l'entrée des Champs-Elysées, leur chef résolut au moins de faire payer sa mort ; à la tête de ses trente hommes, lui l'épée à la main, eux la bayonnette au bout du fusil, il chargea trois fois tout un bataillon massé au pied de la statue.

Dans ces trois charges, il perdit quinze hommes.

Avec les quinze hommes qui lui restaient, il essaya de passer à travers une éclaircie et de gagner les Champs-Elysées ; une décharge de mousqueterie lui tua huit hommes, les sept autres se dispersèrent et furent poursuivis et sabrés par la gendarmerie.

Lui gagnait le café des Ambassadeurs

et allait l'atteindre, quand un gendarme mit son cheval au galop, franchit le fossé qui séparait la promenade de la grande route, et lui brisa les reins d'un coup de pistolet.

Le troisième tronçon, composé de soixante hommes, avait gagné les Champs-Elysées et se dirigeait vers Courbevoie, par cet instinct qui fait que les pigeons se dirigent vers le colombier, les moutons vers la bergerie.

A Courbevoie étaient les canons.

Cernés par la gendarmerie à cheval et par le peuple, ils furent conduits par les quais à l'Hôtel-de-Ville, où l'on espérait les mettre en sûreté.

Deux ou trois mille furieux entassés sur la place de Grève, les arrachèrent à leur escorte et les mirent en morceaux.

Un jeune gentilhomme, le chevalier Charles d'Autichamp, fuyait du château par la rue de l'Echelle, un pistolet de chaque main, deux hommes essaient de l'arrêter, il les tue tous les deux ; la populace s'en empare et le conduit à la place de Grève pour l'y exécuter solennellement.

Seulement elle oublie de le fouiller, à la place de ses deux pistolets devenus inutiles, qu'il a jetés, — un couteau lui reste, il l'ouvre dans sa poche, attendant l'instant de s'en servir. Au moment où il arrive sur la place de l'Hôtel-de-

Ville, on y égorge les soixante Suisses qu'on vient d'amener. — Ce spectacle distrait ceux qui le gardent, il tue ses deux plus proches voisins, de deux coups de couteau, glisse dans la foule comme un serpent et disparaît.

Les cent hommes qui ont conduit le roi à l'Assemblée, et qui se sont réfugiés aux Feuillants, y ont été désarmés.

Les cinq cents dont nous venons de raconter l'histoire,

Quelques fugitifs isolés, — comme M. Charles d'Antichamp, que nous venons de voir échapper à la mort avec tant de bonheur, sont les seuls qui ont quitté le château.

Le reste s'est fait tuer sous le vestibule, dans les escaliers, sur le palier, a été égorgé dans les appartements ou dans la chapelle.

Neuf cents cadavres de Suisses ou de gentilshommes jonchèrent l'intérieur des Tuileries.

IX

De six à neuf heures du soir.

Le peuple était entré au château, comme on entre dans le repaire d'une bête féroce, il trahissait ses sentiments par ces cris: Mort aux loup! — mort à la louve! — mort au louveteau!

S'il eut rencontré le roi, la reine et le

Dauphin, il eut certes, sans hésiter, — croyant faire justice, — il eut abattu leurs trois têtes d'un seul coup.

Avouons que ç'eût été bien heureux pour eux.

En l'absence de ceux qu'ils appelaient à grands cris, cherchant jusque dans les armoires, jusque derrière les tapisseries, jusque sous les couchettes, les vainqueurs durent se venger sur tout, sur les choses comme sur les hommes, ils tuèrent et brisèrent avec la même impassible férocité. — Ces murs où s'était décrété la Sainte-Barthelémy et le massacre du Champ-de-Mars, — appelant de terribles vengeances.

Mais, hâtons-nous de le dire, on le

voit, nous ne débarbouillons pas le peuple, nous le montrons, au contraire, crotté et sanglant comme il était, — mais hâtons-nous de le dire, les vainqueurs sortirent du château, les mains rouges, mais vides (1).

L'auteur de l'*Histoire de la Révolution du 10 août,* Pelletier, — celui-là ne peut pas être accusé de partialité en faveur des patriotes ; — Pelletier raconte qu'un marchand de vin, nommé Mallet, — apporte à l'assemblée cent soixante-treize louis d'or, trouvés sur un prêtre tué au château.

Que vingt-cinq sans-culottes apportent une malle pleine de la vaisselle du roi.

(1) Nous verrons plus tard dans l'auteur de la *Révolution du 10 août,* que 200 hommes furent fusillés par le peuple, comme voleurs.

Qu'un combattant jette une croix de Saint-Louis sur le bureau du président.

Qu'un autre y dépose la montre d'un Suisse.

Un autre, un rouleau d'assignats.

Un autre, un sac d'écus.

Un autre, des bijoux.

Un autre, des diamants.

Un autre enfin, une cassette appartenant à la reine et contenant *quinze cents louis*.

Et, ajouta-t-il ironiquement, sans se douter qu'il fait de tous ces hommes un magnifique éloge : *Et l'Assemblée exprime son regret de ne pas connaître les noms des citoyens modestes qui sont venus remettre fidèlement dans son sein tous ces trésors volés au roi.*

Nous ne sommes pas des flatteurs du peuple, nous, — nous le savons, — c'est le plus ingrat, le plus capricieux, le plus inconstant de tous les maîtres.

Nous dirons donc ses crimes comme ses vertus.

Ce jour-là, il fut cruel; — ce jour-là, il se rougit les mains avec délice; — ce jour-là, gentilshommes jetés vivants par les fenêtres, Suisses morts ou mourants éventrés sur les escaliers, — cœurs arrachés aux poitrines et pressés à deux mains comme des éponges, — têtes coupées et portées au bout des piques; —

ce jour-là, ce peuple qui se croyait déshonoré de voler une montre ou une croix de Saint-Louis ; — ce jour-là, le peuple se donna tous les sombres délices de la vengeance et de la cruauté.

Et cependant, au milieu de ces massacres des vivants, de cette profanation des morts, — parfois, comme le lion repu, il fit grâce.

Mesdames de Tarente, de la Roche-Aymon, de Ginestous et mademoiselle Pauline de Tourzel, étaient restés aux Tuileries abandonnées par la reine.

Elles étaient dans la chambre même de la reine.

Le château pris, elles entendirent les cris des mourants, les menaces des vainqueurs, les pas qui se rapprochaient d'elles, précipités, terribles, impitoyables.

Madame de Tarente alla ouvrir la porte.

— Entrez, dit-elle, nous ne sommes que des femmes.

Les vainqueurs entrèrent, leurs fusils fumants, leurs sabres ensanglantés à la main.

Les femmes tombèrent à genoux.

Les égorgeurs avaient déjà le couteau levé sur elles, les appelant les conseillères de madame Veto, les confidentes de l'Autrichienne.

Un homme à longue barbe, envoyé

par Pétion, cria du seuil de la porte :

— Faites grâce aux femmes, — ne déshonorez pas la nation !

Et grâce fut faite.

Madame Campan à qui la reine avait dit :

— Attendez-moi, je vais revenir, où je vous enverrai chercher pour me rejoindre je ne sais où.

Madame Campan attendait dans sa chambre que la reine revînt, ou l'envoyât chercher.

Madame Campan raconte elle-même qu'elle avait complètement perdu la tête au milieu de l'horrible tumulte, et que ne voyant plus sa sœur, cachée derrière quelque rideau, ou accroupie derrière quelque meuble, elle crut la trouver dans un entresol.

Alors elle descendit rapidement vers cette pièce.

Mais là, elle ne vit que deux femmes de chambre leur appartenant et une espèce de géant qui était heiduque de la reine.

A la vue de cet homme, toute folle qu'elle était, la fugitive comprit que le danger était pour lui et non pour elle.

— Mais fuyez donc! cria-t-elle, — fuyez donc, malheureux, — les valets de pieds sont déjà loin, — fuyez, il est temps encore.

Mais lui, essayait de se lever et retombait, criant d'une voix plaintive.

— Hélas! je ne puis, — je suis mort de peur!

Comme il disait cela, une troupe d'hommes ivres, furieux, ensanglantés, parut sur le seuil, se jeta sur l'heiduque, le mit en morceaux.

A cette vue, madame Campan et les deux femmes s'enfuirent par un petit escalier de service.

Une partie des égorgeurs, voyant ces trois femmes qui s'enfuyaient, s'élança à leur poursuite et les eut bientôt atteints.

Les deux femmes de chambre, tombées à genoux empoignèrent, tout en suppliant les meurtriers, les lames de sabre entre leurs mains.

Madame Campan, arrêtée dans sa course, avait senti une main furieuse s'enfoncer dans son dos pour la saisir par ses vêtemens; — elle voyait comme un éclair mortel la lame d'un sabre briller au-dessus de sa tête, elle mesurait enfin ce court instant qui sépare la vie de l'éternité, et qui, si court qu'il soit, contient cependant tout un monde de souvenirs, lorsque, du bas de l'escalier dont, tirée en arrière, elle avait déjà descendu la première marche, une voix monta avec l'accent du commandement.

— Que faites-vous là-haut? demanda cette voix.

— Hum! répondit le meurtrier, — qu'y a-t-il?

— On ne tue pas les femmes, entendez-vous, reprit la voix d'en bas.

Madame Campan était à genoux, le sabre était déjà levé sur sa tête, déjà elle pressentait la douleur qu'elle allait éprouver.

— Lève-toi, coquine, lui dit son bourreau, la nation te fait grâce.

Que faisait pendant ce temps le roi dans la loge du *Logographe?*

Le roi avait faim et demandait son dîner.

On lui apporta du pain, du vin, un poulet, des viandes froides et des fruits.

Comme tous les princes de la maison de Bourbon, comme Henri IV, comme Louis XIV, c'était un mangeur que le roi; derrière les émotions de son âme, rarement trahie par son visage aux fibres molles et détendues, veillaient incessamment ces deux grandes exigences du corps : le sommeil et la faim. Nous l'avons vu obligé de dormir au château, nous le voyons obligé de manger à l'Assemblée.

Le roi brisa son pain et découpa son poulet comme à un rendez-vous de chasse, sans s'inquiéter le moins du monde des yeux qui le regardaient.

Parmi ces yeux, il y en avait deux qui brûlaient, faute de pouvoir pleurer.

C'étaient ceux de la reine.

Elle, — elle avait tout refusé, — le désespoir la nourrissait.

Il lui semblait que les pieds dans ce sang précieux, elle eut pu rester là éternellement et vivre comme une fleur des tombeaux, sans autre nourriture que celle qu'elle recevait de la mort.

Elle avait beaucoup souffert au retour de Varennes, elle avait beaucoup souffert dans sa captivité des Tuileries, elle avait beaucoup souffert dans cette nuit et cette journée qui venaient de s'écouler.

Peut-être avait-elle moins souffert qu'en regardant manger le roi!

Et cependant la situation eut été assez grave pour ôter l'appétit à un autre homme qu'à Louis XVI.

L'Assemblée, où le roi était venu chercher une protection, eut eu besoin d'être protégée elle-même.

Elle ne se dissimulait point sa faiblesse.

Le matin, elle avait voulu empêcher le massacre de Suleau et elle n'avait pas pu.

A deux heures, elle avait voulu empêcher le massacre des Suisses et elle n'avait pas pu.

Maintenant, elle était menacée elle-même par une foule exaspérée qui criait :

— La déchéance! la déchéance!

Une commission s'assembla séance tenante.

Vergniaud fut nommé et donna la présidence à Guadet, afin que le pouvoir ne sortît point des mains de la Gironde.

La délibération fut courte, on délibérait en quelque sorte sous l'écho retentissant de la fusillade et du canon.

Ce fut Vergniaud qui prit la plume et qui rédigea l'acte de suspension provisoire de la royauté.

Il rentra dans l'Assemblée, — morne

et abattu, n'essayant de cacher ni sa tristesse, ni son abattement, car c'était un dernier gage qu'il donnait au roi de son respect pour la royauté, — à l'hôte de son respect pour l'hospitalité.

« Messieurs, — dit-il, — je viens au nom de la commission extraordinaire, — vous présenter une mesure bien rigoureuse, — mais je m'en rapporte à la douleur dont vous êtes pénétrés pour juger combien il importe au salut de la patrie que vous l'adoptiez sur l'heure.

« L'Assemblée nationale considérant que les dangers de la patrie sont arrivés à leur comble, que les maux dont gémit l'empire dérivent principalement des défiances qu'inspirent la conduite du chef du pouvoir exécutif dans une guerre entreprise en son nom contre la Constitution et contre l'indépendance nationale.

« Que ces défiances ont provoqué, de toutes les parties de l'empire, le vœu de la révocation de l'autorité confiée à Louis XVI.

« Considérant néanmoins que le Corps législatif ne veut agrandir par aucune usurpation sa propre autorité et qu'il ne peut concilier son serment à la Constitution, et sa ferme volonté de sauver la liberté, qu'en faisant appel à la souveraineté du peuple.

« Décrète ce qui suit :

« Le peuple français est invité à former une convention nationale.

« Le chef du Pouvoir exécutif est provisoirement suspendu de ses fonctions. — Un décret sera proposé dans la journée pour la nomination d'un gouverneur du prince royal.

« Le payement de la liste civile sera suspendu.

« Le roi et la famille royale demeureront dans l'enceinte du Corps législatif, jusqu'à ce que le calme soit rétabli dans Paris.

« Le département fera préparer le Luxembourg pour sa résidence, sous la garde des citoyens. »

Le roi écouta ce décret avec son impassibilité ordinaire.

Puis se penchant vers Vergniaud, lorsque celui-ci revint prendre sa place de président.

— Savez-vous, lui dit-il, que ce n'est pas très-constitutionnel ce que vous venez de faire là.

— C'est vrai, Sire, répondit Vergniaud, seulement c'est le seul moyen de sauver votre vie. Si nous n'accordons pas la déchéance, ils prendront la tête.

Le roi fit un mouvement des lèvres et des épaules qui signifiait.

— C'est possible.

Et il reprit sa place.

En ce moment la pendule placée au-dessus de sa tête sonna l'heure.

Il compta chaque vibration.

Puis la dernière éteinte.

— Neuf heures! dit-il.

Le décret de l'Assemblée déclarait que le roi et la famille royale demeureraient dans l'enceinte du Corps Législatif, jusqu'à ce que le calme soit rétabli à Paris.

A onze heures, les inspecteurs de la salle vinrent chercher le roi et la reine pour les conduire au logement provisoire préparé pour eux.

Le roi fit signe de la main qu'il demandait un instant.

En effet, on s'occupait d'une chose qui n'était pas sans intérêt pour lui.

On nommait un ministère.

Le ministre de la guerre, le ministre de l'intérieur et le ministre des finances étaient tous nommés.

C'étaient les ministres chassés par le roi.

Roland, — Clavières et Servan.

Restaient la justice, la marine et les affaires étrangères.

Danton fut nommé à la justice,

Monge à la marine, Lebrun aux affaires étrangères.

Le dernier ministre nommé.

— Allons, dit le roi.

Et il sortit le premier.

La reine le suivit, — elle n'avait rien pris depuis la sortie des Tuileries, — pas même un verre d'eau.

Madame Élisabeth, — le Dauphin, — madame Royale, madame de Lamballe et madame de Tourzel leur firent cortège.

L'appartement préparé pour le roi était situé à l'étage supérieur du vieux monastère des Feuillants, il était habité par l'archiviste Camus et se composait de quatre chambres.

Dans la première, qui n'était à proprement parler qu'un antichambre, — les serviteurs du roi restés fidèles a sa mauvaise fortune s'arrêtèrent.

C'étaient le prince de Poix, le baron d'Aubier, M. de Saint-Pardon, M. de Goguelas, — M. de Chamillé et M. Hus.

Le roi choisit la seconde pour lui.

La troisième fut offerte à la reine, — c'était la seule qui fut garnie de papier. — Elle se jeta sur le lit en arrivant, mordant le traversin et en proie à une douleur près de laquelle doit être bien peu de chose, celle du patient sur la roue.

La quatrième, toute étroite qu'elle fut, restait pour madame Élisabeth, pour madame de Lamballe et pour madame de Tourzel qui s'y établirent comme elles purent avec le Dauphin et Madame Royale.

La reine manquait de tout.

D'argent, on lui avait pris sa bourse et sa montre, dans le tumulte qui s'était fait à la porte de l'Assemblée.

De linge, car on comprend qu'elle n'avait rien emporté des Tuileries.

Elle emprunta vingt-cinq louis à la sœur de madame Campan.

Elle envoya chercher du linge à l'ambassade d'Angleterre.

Le soir l'Assemblée fit proclamer aux flambeaux, dans les rues de Paris, les décrets de la journée.

X

De neuf heures à minuit.

Ces flambeaux, au moment où ils passaient devant le Carrousel, dans la rue Saint-Honoré et sur les quais, éclairaient un triste spectacle.

La lutte matérielle était finie, mais le combat durait encore dans les cœurs, car la haine et le désespoir survivaient à la lutte.

Les récits contemporains, la légende royaliste se sont longuement et tendrement appitoyés, comme nous sommes tout prêt à le faire nous-mêmes, sur les augustes têtes, du front desquelles cette terrible journée arrachait la couronne.

Ils ont consigné le courage, la discipline, le dévouement des Suisses et des gentilshommes.

Ils ont compté les gouttes de sang versé.

Ils n'ont pas compté les cadavres du peuple, les larmes des mères, des sœurs et des veuves.

Disons-en un mot.

Pour Dieu qui, dans sa haute sagesse, non-seulement permet, mais dirige les événements, le sang est le sang, les larmes sont les larmes.

Le nombre des morts était bien autrement considérable chez les hommes du peuple ou chez les patriotes, que chez les Suisses ou les gentilshommes.

Voyez plutôt ce que dit l'auteur de l'*Histoire du 10 août*, histoire et historien royalistes s'il en fut.

« La journée du 10 août, coûta à l'humanité environ sept cents soldats et vingt-deux officiers, — vingt-quatre gardes nationaux royalistes, — cinq cents fédérés, trois commandants de troupes nationales, — quarante gendarmes, plus de cent personnes de la maison domestique du roi, — *deux cents hommes tués pour vol* (1). Les neuf citoyens massacrés aux Feuillants, M. de Clermont-Tonnerre, — et environ *trois mille hommes du peuple* tués sur le Carrousel, dans le jardin des Tuileries, sur la place Louis XV, au total, environ quatre mille six cents hommes.

Et c'est concevable. — On a vu les précautions prises pour fortifier les Tuileries. — Les Suisses avaient généralement tirés abrités derrière de bonnes

---

(1) Nous avons vu cette justice populaire se renouveler à l'endroit des voleurs en 1830 et 1848.

murailles, — les assaillants, au contraire, n'avaient eu que leur poitrine pour parer les coups.

Trois mille cinq cents insurgés, — sans compter les deux cents voleurs, *fusillés pour vol*, — avaient donc péri.

Ce qui suppose autant de blessés à peu près, l'auteur de la *Révolution du 10 août*, ne parle que des morts.

Beaucoup d'entre ces trois mille cinq cents hommes, — mettons la moitié, — étaient des gens mariés, de pauvres pères de familles qu'une intolérable misère avait poussés au combat, avec la première arme qui leur était tombée sous la main et même sans arme et qui, pour aller chercher la mort, avaient laissé dans leurs taudis, des enfants affamés, des femmes au désespoir.

Cette mort, ils l'avaient trouvée, soit dans le Carrousel où la lutte avait commencée, soit dans les appartements, où elle s'était continuée, soit dans le jardin, où elle s'était éteinte.

De trois heures de l'après-midi à neuf heures du soir on avait enlevé en hâte et jeté au cimetière de la Madeleine, tout soldat portant un uniforme.

Quant aux cadavres des gens du peuple, — c'était autre chose, — des tombereaux les ramassaient et les ramenaient dans leurs quartiers, presque tous étaient, ou du faubourg Saint-Antoine ou du faubourg Saint-Marcel.

Là, particulièrement sur la place de la Bastille et sur celle de l'Arsenal, sur la place Maubert et sur celle du Panthéon, — là, on les étalait côte à côte.

Chaque fois qu'une de ces sombres voitures, roulant pesante et laissant une trace de sang derrière elle, entrait dans l'un ou l'autre faubourg, la foule des mères, des femmes, des sœurs, des enfants, l'entourait dans une mortelle angoisse (1). Puis à mesure que les reconnaissances se faisaient entre la vie et la mort, les cris, les menaces, les sanglots éclataient. C'étaient des maudissements inouïs et inconnus qui s'élevaient comme une troupe d'oiseaux nocturnes et de

(1) Lire Michelet, le véritable, le seul historien du peuple.

mauvais augures, — battaient des ailes dans l'obscurité et s'envolaient plaintifs vers ces funestes Tuileries. Tout cela planait comme ces bandes de corbeaux des champs de bataille, sur le roi, sur la reine, sur la cour, sur cette camarilla autrichienne qui l'entourait, sur ces nobles qui la conseillaient, les uns se promettaient la vengeance de l'avenir, et ils se la sont donnée au 2 septembre et au 21 janvier ; les autres reprenaient une pique, un sabre, un fusil, et, ivres du sang qu'ils venaient de boire par les yeux, rentraient dans Paris pour tuer.

Tuer qui?

Tout ce qui restait de ces Suisses, de ces nobles, de cette cour, pour tuer le roi, pour tuer la reine, s'ils les avaient trouvés. On avait beau leur dire : Mais en tuant le roi et la reine, vous faites des enfants orphelins ; en tuant les nobles, vous faites des femmes veuves, des sœurs en deuil. — Femmes, sœurs, enfants criaient : — Mais nous aussi, nous sommes des orphelins ! Nous aussi, nous sommes des veuves ! Et ceux qui ententendaient ces cris, le cœur plein de sanglots, allaient à l'Assemblée, allaient à l'Abbaye, se heurtant la tête aux portes et criant : Vengeance ! vengeance !

C'était un spectacle terrible que celui de ces Tuileries ensanglantées, — fumantes, — désertées, excepté par les cadavres et par trois ou quatre postes qui veillaient à ce que, sous prétexte de reconnaître leurs morts, les visiteurs nocturnes ne vinssent pas piller cette pauvre demeure royale, aux portes enfoncées, aux fenêtres brisées.

Il y avait un poste sous chaque vestibule, au pied de chaque escalier.

Le poste du pavillon de l'horloge, — c'est-à-dire du grand escalier, était commandé par un jeune capitaine de garde nationale, à qui la vue de tout ce désastre inspirait sans doute une grande pitié, si l'on en juge par l'expression de sa physionomie, à chaque tombereau de cadavres que l'on emportait, en quelque sorte sous sa présidence, mais sur les besoins matériels duquel les

événements terribles qui venaient de
s'accomplir ne semblaient point avoir eu
plus d'influence que sur le roi, car vers
onze heures du soir, il paraissait occupé
de satisfaire un monstrueux appétit, aux
dépens d'un pain de quatre livres qu'il
tenait assujetti sous son bras gauche,
tandis que sa main droite, armée d'un
couteau, en retranchait incessamment
de larges mouillettes, qu'il introduisait
dans une bouche dont la largeur se mesurait à la dimension du lopin de nourriture qu'elle était destinée à recevoir.

Appuyé contre une des colonnes du
vestibule, il regardait passer, pareilles
à des ombres, ces silencieuses proces-
sions de mères, d'épouses, de filles, qui

venaient, éclairées par des torches posées de distance en distance, redemander au cratère éteint les cadavres de leurs pères, de leurs maris et de leurs fils.

Tout-à-coup, et à la vue d'une espèce d'ombre à moitié voilée, le jeune capitaine tressaillit.

— Madame la comtesse de Charny, murmura-t-il.

L'ombre à moitié voilée, passa sans entendre et sans s'arrêter.

Le jeune capitaine fit un signe à son lieutenant.

Le lieutenant vint à lui.

— Désiré, dit-il, voici une pauvre dame

de la connaissance de M. Gilbert, qui vient sans doute chercher son mari parmi les morts, il faut que je la suive, dans le cas où elle aurait besoin de renseignements ou de secours. — Je te laisse le commandement du poste, veille pour deux.

— Diable! répondit le lieutenant, que le jeune capitaine avait désigné sous ce prénom de Désiré, auquel nous ajouterons le nom de Maniquet, — elle a l'air d'une fière aristocrate, ta dame.

— C'est qu'aussi c'en est une d'aristocrate, dit le capitaine, c'est une comtesse.

— Va donc alors. — Je veillerai pour deux.

La comtesse de Charny avait déjà tourné le premier angle de l'escalier, lorsque le capitaine, se détachant de sa colonne, commença de la suivre à la distance respectueuse d'une quinzaine de pas.

Celui-ci ne s'était pas trompé. — C'était bien son mari que cherchait la pauvre Andrée.

Seulement elle le cherchait, non pas avec les tressaillements anxieux du doute, mais avec la morne conviction du désespoir.

Depuis l'heure où, se réveillant au milieu de sa joie et de son bonheur, à l'écho des événements de Paris, Charny, pâle, mais résolu, était venu dire à sa femme :

— Chère Andrée, le roi de France court risque de la vie et a besoin de tous ses défenseurs, — que dois-je faire ?

Andrée avait répondu :

— Aller où ton devoir t'appelle, mon Olivier, et mourir pour le roi, s'il le faut.

— Mais toi ? avait demandé Charny.

— Oh ! pour moi, avait répondu Andrée, ne sois pas inquiète. Comme je n'ai vécu que par toi, Dieu permettra sans doute que je meure avec toi.

Et dès-lors tout avait été convenu entre ces grands cœurs ; on n'avait pas échangé un mot de plus, on avait fait venir les chevaux de poste, on était parti, et, cinq heures après, on descendait dans le petit hôtel de la rue Coq-Héron.

Une demi-heure après, Charny, comme nous l'avons vu, au moment où Gilbert, comptant sur son influence, allait lui écrire de venir à Paris ; — une demi-heure après, — Charny, vêtu de son costume d'officier de marine, se rendait chez la reine.

Depuis ce moment, on le sait, il ne l'avait pas quittée.

Andrée était restée seule avec ses femmes, enfermée et priant ; elle avait eu un instant l'idée d'imiter le dévouement de son mari et d'aller redemander sa place près de la reine, comme son mari allait redemander sa place près du roi, mais elle n'en n'avait pas eu le courage.

La journée du 9 s'était écoulée pour elle dans les angoisses, — mais sans rien amener de bien positif.

Le 10, vers neuf heures, elle avait entendu, par les fenêtres du jardin ouvertes, retentir les premiers coups de canon.

Inutile de dire que chaque écho du tonnerre guerrier, faisait vibrer jusqu'à la dernière fibre de son cœur.

Vers deux heures, la fusillade elle-même s'éteignit.

Le peuple était-il vainqueur ou vaincu ?

Elle s'informa : le peuple était vainqueur.

Qu'était devenu Charny dans la terrible lutte ; elle le connaissait, elle savait qu'il en avait pris sa large part.

Elle s'informa encore.

On lui dit que presque tous les Suisses avaient été tués, mais que presque tous les gentilshommes s'étaient sauvés.

Elle attendit.

Charny pouvait rentrer sous un déguisement quelconque, Charny pouvait avoir besoin de fuir sans retard.

Les chevaux furent attelés et mangèrent à la voiture.

Chevaux et voitures attendaient le maître ; mais Andrée, quelque danger qu'il courût, savait bien que le maître ne partirait pas sans elle.

Elle fit ouvrir les portes, afin que rien ne retardât la fuite de Charny, si Charny fuyait, et elle attendit.

Les heures s'écoulaient.

— S'il est caché quelque part, disait Andrée, il attend la nuit pour sortir, — attendons la nuit.

La nuit vint, — Charny ne reparut point.

Au mois d'août, la nuit vient tard.

À dix heures seulement, Andrée perdit tout espoir, elle jeta un voile sur sa tête et sortit.

Tout le long de son chemin elle rencontra des groupes de femmes se tordant les mains.

Des bandes d'hommes criait vengeance.

Elle passa au milieu des uns et des autres ; la douleur des uns et la colère des autres la sauvegardaient.

C'était aux hommes qu'on en voulait ce soir-là, pas aux femmes.

De l'un comme de l'autre côté, — ce soir-là, les femmes pleuraient.

Andrée arriva sur la place du Carrousel, elle entendit la proclamation des décrets de l'Assemblée nationale.

Le roi et la reine étaient sous la sauvegarde de l'Assemblée nationale. — Voici tout ce qu'elle comprit.

Elle vit s'éloigner deux ou trois tombereaux et demanda ce qu'emportaient ces tombereaux?

On lui répondit que c'étaient des cadavres ramassés sur la place du Carrousel et dans la cour Royale.

On n'en n'était encore que là de l'enlèvement des morts.

Andrée comprit que ce n'était, ni sur le Carrousel, ni dans la cour Royale que devait avoir combattu Charny, mais à la porte du roi ou à la porte de la reine.

Elle franchit la cour Royale, traversa le grand vestibule et monta l'escalier.

Ce fut en ce moment que Pitou qui, en sa qualité de capitaine, — commandait le poste du grand vestibule la vit, la reconnut et la suivit.

XI

De minuit à trois heures.

Il est impossible de se faire une idée de l'état de dévastation que présentaient les Tuileries.

Le sang coulait par les chambres et roulait comme une cascade le long des escaliers.

Quelques cadavres jonchaient encore les appartements.

Andrée fit ce que faisaient les autres chercheurs, elle prit une torche et alla regarder cadavre par cadavre.

Et en regardant elle s'acheminait vers les appartements de la reine et du roi.

Pitou la suivait toujours.

Là comme dans les autres chambres elle chercha inutilement; alors un instant elle regarda autour d'elle ne sachant plus où aller.

Pitou vit son embarras et s'approchant d'elle:

— Hélas! dit-il, je me doute bien de ce que cherche Madame la comtesse.

Andrée se retourna.

— Si madame la comtesse avait besoin de moi.

— Monsieur Pitou ! dit Andrée.

— Pour vous servir, Madame.

— Oh ! oui, oui, dit Andrée, car j'ai bien besoin de vous.

Puis s'approchant de lui et lui prenant les deux mains.

— Savez-vous ce qu'est devenu le comte de Charny ? dit-elle.

— Non, Madame, dit Pitou, mais je puis vous aider à le chercher.

— Il y a quelqu'un, dit Andrée, qui nous dirait bien s'il est mort ou vivant, et mort ou vivant, qui sait où il est.

— Qui cela, madame la comtesse, demanda Pitou.

— La reine, — murmura Andrée.

— Vous savez où est la reine, reprit Pitou.

— A l'Assemblée, m'a-t-on dit, et j'ai encore un espoir, c'est que M. de Charny y est avec elle.

— Oh! oui, dit Pitou saisissant cet espoir non pas pour son propre compte mais pour celui de la veuve, voulez-vous y venir à l'Assemblée?

— Mais si l'on me refuse la porte?

— Oh! je me charge de vous la faire ouvrir moi.

— Venez alors.

Andrée jeta bien loin d'elle sa torche, au risque de mettre le feu parquet et par conséquent aux Tuileries, mais qu'importaient les Tuileries à ce profond désespoir, si profond qu'il n'avait pas de larmes.

Andrée connaissait l'intérieur des Tuileries pour les avoir habitées, elle prit un petit escalier de service qui descendait aux entresols et des entresols au grand vestibule, de sorte que, sans repasser par tous ces appartements ensanglantés, Pitou se retrouva au poste de l'Horloge.

Maniquet faisait bonne garde.

— Eh bien ! demanda-t-il, ta comtesse ?

— Elle espère retrouver son mari à l'Assemblée, nous y allons.

Puis tout bas :

Comme nous pourrions bien retrouver le comte, mais mort, — envoie-moi à la porte des Feuillants quatre bons garçons sur lesquels je puisse compter pour défendre un cadavre d'aristocrate comme si c'était un cadavre de patriote.

— C'est bon, va avec ta comtesse, tu auras tes hommes.

Andrée attendait debout à la porte du jardin à laquelle on avait mis une sentinelle.

Comme c'était Pitou qui avait mis

cette sentinelle, la sentinelle laissa tout naturellement passer Pitou.

Le jardin des Tuileries était éclairé par des lampions que l'on avait allumés de place en place, et particulièrement sur les piédestaux des statues.

Comme il faisait presqu'aussi chaud que dans la journée, et qu'à peine une brise nocturne agitait les feuilles des arbres, — la lumière des lampions montait presque immobile, pareille à des lances de feu et éclairait au loin, non-seulement dans les parties du jardin découvertes et cultivées en parterre, mais encore sous les arbres, les cadavres semés çà et là.

Mais Andrée était maintenant tellement convaincue que c'était à l'Assemblée qu'elle aurait des nouvelles de son mari, qu'elle marchait sans se détourner ni à droite ni à gauche.

On arriva ainsi aux Feuillants.

La famille royale, depuis une heure, avait quitté l'Assemblée pour rentrer chez elle.

Pour arriver jusqu'à la famille royale il y avait deux obstacles à franchir.

D'abord celui des sentinelles qui veillaient au dehors.

Puis celui des gentilshommes qui veillaient au dedans.

Pitou, capitaine de la garde nationale, commandant le poste des Tuileries, avait le mot d'ordre et par conséquent la possibilité de conduire Andrée jusqu'à l'antichambre des gentilshommes.

Arrivés là c'était à Andrée à pénétrer jusqu'à la reine.

Nous avons dit la disposition de l'appartement occupé par la famille royale.

Nous avons dit le désespoir de la reine, nous avons dit comment en entrant dans cette petite chambre au papier vert, — elle s'était jetée sur le lit, mordant son traversin avec des sanglots et des larmes.

Certes, celle qui perdait un trône, la liberté, la vie peut-être, perdait assez pour qu'on ne lui demandat pas compte de son désepoir et qu'on n'allat point chercher derrière ce grand abaissement, quelle douleur plus vive encore lui tisait les larmes des yeux, les sanglots de la bouche.

Dans le sentiment de respect qu'inspirait cette suprême douleur on avait donc, dans ces premiers moments, laissé la reine seule.

La reine entendit la porte de sa chambre, qui donnait dans celle du roi, s'ouvrir et se refermer, mais elle ne se leva pas ; elle entendit des pas s'approcher de son lit, — mais elle resta la tête perdue dans son traversin.

Mais tout-à-coup elle bondit comme si un serpent l'avait mordue :

Une voix bien connue, — avait prononcé ce seul mot :

— Madame.

— Andrée ! — s'écria-t-elle en se redressant sur son coude — que me voulez-vous ?

— Je vous veux, Madame, ce que Dieu voulait à Caïn, — lorsqu'il lui demanda : *Caïn qu'as-tu fait de ton frère ?*

— Avec cette différence, dit la reine, que Caïn avait tué son frère, — tandis que moi, — oh ! moi, j'eusse donné non-seulement mon existence, mais dix existences si je les avais eues pour sauver la sienne.

Andrée chancela, une sueur froide passa sur son front, ses dents claquèrent :

— Il a donc été tué? demanda-t-elle en faisant un suprême effort.

La reine regarda Andrée.

— Est-ce que vous croyez que c'est ma couronne que je pleure, dit-elle.

Puis lui montrant ses pieds ensanglantés.

— Est-ce que vous croyez que si ce sang était le mien je n'aurais pas lavé mes pieds.

Andrée devint pâle jusqu'à la lividité.

— Vous savez donc où est son corps? dit-elle.

— Qu'on me laisse sortir et je vous y conduirai, dit la reine.

— Je vais vous attendre sur l'escalier, Madame, dit Andrée.

Et elle sortit.

Pitou était à la porte.

— Monsieur Pitou, dit Andrée, une de mes amies va me conduire où est le corps de M. de Charny, c'est une des femmes de la reine, peut-elle m'accompagner ?

— Vous savez que si elle sort, répondit Pitou, c'est à la condition que je la ramènerai d'où elle est sortie.

— Vous la ramènerai d'où elle est sortie, dit Andrée.

— C'est bien.

Puis se retournant vers la sentinelle :

— Camarade, dit-il, une femme de la reine va sortir, — elle va chercher le corps d'un brave officier dont voici la veuve ; — je réponds de cette femme corps pour corps, — tête pour tête.

— Faites, capitaine, répondit la sentinelle.

En même temps la porte de l'antichambre s'ouvrit, et, le visage couvert d'un voile, la reine apparut :

On descendit l'escalier, la reine marchant la première, Andrée venant ensuite, Pitou fermant la marche.

Après une séance de vingt-sept heures, l'Assemblée venait d'évacuer la salle.

Cette salle immense où tant de bruit et d'événements s'étaient pressés depuis vingt-sept heures était muette, vide et sombre comme un sépulcre.

— Une lumière, dit la reine.

Pitou ramassa une torche éteinte, l'alluma à une lanterne et la donna à la reine.

La reine marcha devant.

En arrivant à la porte d'entrée, la reine indiqua la porte avec sa torche :

— Voilà la porte où il a été tué, dit-elle.

Andrée ne répondit pas ; on eût dit un spectre suivant son évocateur.

En arrivant au corridor, la reine abaissa sa torche vers le parquet :

— Voilà son sang, dit-elle.

Andrée resta muette.

La reine marcha à une espèce de cabinet, situé en face de la loge du *Logographe*, tira la porte du cabinet et, l'éclairant avec sa torche :

— Voici son corps, dit-elle.

Muette toujours, Andrée entra dans le cabinet, s'assit à terre, et par un effort amena la tête d'Olivier sur ses genoux :

— Merci, Madame, dit-elle, je n'avais rien autre chose à vous demander.

— Mais, moi, dit la reine, j'ai à vous demander autre chose.

— Dites.

— Me pardonnez-vous?

Il y eut un instant de silence, comme si Andrée hésitait.

— Oui, dit-elle enfin, car demain je serai près de lui.

La reine tira de sa poitrine une paire de ciseaux d'or qu'elle y avait cachée, comme on cache un poignard, afin de s'en faire une arme contre elle-même dans un extrême danger.

— Alors, dit-elle, presque suppliante, en présentant les ciseaux à Andrée.

Andrée prit les ciseaux, coupa une boucle de cheveux au cadavre, et rendit les ciseaux et les cheveux à la reine.

La reine saisit la main d'Andrée et la baisa.

Andrée jeta un cri et retira sa main comme si les lèvres de Marie-Antoinette eussent été un fer rouge.

— Ah! murmura la reine en s'éloignant, qui pourra dire celle de nous deux qui l'aimait davantage.

— Oh! mon bien-aimé Olivier, murmura de son côté Andrée, j'espère que tu sais du moins maintenant que c'est moi qui t'aimais le mieux.

Et la reine reprit le chemin de sa

chambre, laissant Andrée dans le cabinet avec le cadavre de son époux sur lequel, comme celui d'un regard ami, descendait par une petite fenêtre grillée un pâle rayon de la lune.

Pitou, sans savoir qui était cette femme, la reconduisit et la vit rentrer, puis, déchargé de sa responsabilité devant la sentinelle, il sortit sur la terrasse pour voir si les quatre hommes qu'il avait demandés à Désiré Maniquet étaient là.

Les quatre hommes attendaient.

— Venez, leur dit Pitou.

Ils entrèrent.

Pitou les conduisit à la lueur de la torche qu'il avait prise des mains de la reine, jusqu'au cabinet où Andrée, toujours assise, regardait à la lueur de ce rayon ami le visage pâle mais toujours beau de son époux.

A la lueur de la torche, elle leva les yeux.

— Que voulez-vous? demanda-t-elle à Pitou et à ses hommes, comme si elle craignait que ces inconnus ne vinssent pour lui enlever le cadavre bien-aimé.

— Madame, dit Pitou, nous venons chercher le corps de M. de Charny pour le porter rue Coq-Héron.

— Vous me jurez que c'est pour cela? demanda Andrée.

Pitou étendit la main sur le cadavre

avec une dignité dont on l'eût cru incapable.

— Je vous le jure! Madame, dit-il.

— Alors, dit Andrée, je vous rends grâce et je prierai Dieu à mon dernier moment qu'il vous épargne, à vous et aux vôtres, les douleurs dont il m'accable.

Les quatre hommes prirent le cadavre, le couchèrent sur leurs fusils, Pitou, l'épée nue, marcha devant le funèbre cortége.

Andrée marcha sur le côté, tenant dans sa main la main froide et déjà raidie du comte.

On déposa le corps sur le lit d'Andrée.

Alors, s'adressant aux quatre hommes :

— Recevez, dit la comtesse, les bénédictions d'une femme qui demain priera Dieu là-haut pour vous.

— Puis à Pitou :

— Monsieur Pitou, dit-elle, — je vous dois plus que je ne pourrai jamais vous rendre ; — puis-je compter encore sur vous pour un dernier service.

— Ordonnez, Madame, dit Pitou.

— Demain, à huit heures du matin, faites que M. le docteur Gilbert soit ici.

Pitou sinclina et sortit.

En sortant, il retourna la tête — et vit

André qui s'agenouillait devant ce lit comme devant un autel.

Au moment où il franchissait la porte de la rue, trois heures sonnaient à l'horloge de l'église Saint-Eustache.

FIN DU SEIZIÈME VOLUME.

TABLE

DU SEIZIÈME VOLUME.

Chap. I.	La nuit du 9 au 10 août. (*Suite.*) . .	1
II.	La nuit du 9 au 10 août. (*Suite et fin*) .	35
III.	De trois à six heures du matin . . .	57
IV.	De six à neuf heures du matin. . . .	83
V.	De neuf heures à midi.	111
VI.	De neuf heures à midi. (*Suite.*) . .	141
VII.	De midi à trois heures.	181
VIII.	De trois à six heures de l'après-midi. .	213
IX.	De six heures à neuf heures du soir. .	237
X.	De neuf heures à minuit	263
XI.	De minuit à trois heures	285

Imp. de Munzel frères à Sceaux (Seine.)

Ouvrages d'Eugène Sue.

La Famille Jouffroy.	7 vol.
Mémoires d'un mari	4 vol.
Fernand Duplessis.	6 vol.
Gilbert et Gilberte	7 vol.
La marquise d'Alfi	2 vol.
L'Institutrice	4 vol.
Les Enfants de l'Amour	4 vol.

Ouvrages d'Alexandre Dumas.

Les Mohicans de Paris	6 vol.
Catherine Blum	2 vol.
Vie et aventures de la princesse de Monaco.	5 vol.
El Saltéador.	3 vol.
Souvenirs de 1830 à 1842	4 vol.
Un Gilblas en Californie.	2 vol.
Les Drames de la Mer.	2 vol.
Le Pasteur d'Ashbourn.	8 vol.
Conscience	5 vol.
Olympe de Clèves	9 vol.
La Comtesse de Charny	16 vol.
Le Trou de l'Enfer	4 vol.
Dieu dispose	6 vol.
La Femme au collier de velours	2 vol.
Histoire d'une colombe	2 vol.
Ange Pitou	8 vol.
Le Collier de la reine	11 vol.
Le Véloce.	4 vol.
Mariages du père Olifus.	5 vol.
Les mille et un fantômes	2 vol.
La Régence	2 vol.
Louis XV.	5 vol.
Louis XVI.	5 vol.
La comtesse de Salisbury	6 vol.

Fontainebleau, imp. de E. Jacquin.

www.ingramcontent.com/pod-product-compliance
Lightning Source LLC
Chambersburg PA
CBHW060400170426
43199CB00013B/1939